CENT POTS

Réflexions sur le sanatana dharma

Brahmacharini Amrita Chaitanya

Mata Amritānandamayi Center, San Ramon
Californie, États-Unis

Cent Pots
Réflexions sur le sanatana dharma
par Brahmacharini Amrita Chaitanya

Publié par :
Mata Amritanandamayi Center
P.O. Box 613
San Ramon, CA 94583-0613
États-Unis

Copyright © 2025 par Mata Amritanandamayi Mission Trust
Amritapuri, Kerala, Inde 690546

Tous droits réservés.
Aucune partie de cette publication ne peut être stockée dans un système de recherche, transmise, reproduite, transcrite ou traduite dans une langue quelconque, sous quelque forme que ce soit et par quelque moyen que ce soit, sans l'accord préalable et l'autorisation écrite de l'éditeur.

International : www.amma.org

En France : www.amma-france.org

En Inde : www.amritapuri.org

Ce livre est dédié à Amma—
mon amour, mon guru, mon inspiration

*enne aṙiññu ñān ninnil ettum vare
nin taṇalil nī vaḷarttū ammē*

Ô Mère, jusqu'à ce que je t'atteigne en me connaissant,
permets-moi de grandir dans ton ombre.

Contents

Qui est Amma ?   7

Introduction   8

1. Apprendre du monde qui nous entoure   11

    Être un débutant   12
    Le monde est notre enseignant   16
    Accueillir la critique   20
    Le dharma d'une mère   24
    Savoir s'émerveiller   28

2. Être un guerrier   32

    Humilité héroïque   33
    La vertu ici et maintenant   37
    La gratitude nous ouvre les portes du divin   41
    Le sentiment maternel : un outil magique   45

3. Soyez un ami pour vous-même   49

    Mendier l'amour   50
    Garder le contrôle de la télécommande   54
    Changer l'attitude, pas la situation   58
    Pardonner et oublier   63

4. Donner et recevoir   67

    La véritable richesse   68
    Le cercle du don : partager   72
    Donner véritablement   75
    S'épanouir en donnant   79

Le sens du service	83
5. Rester sur les rails	87
Le stylo est dans notre main	88
Apprivoiser le mental singe	91
Appuyer sur le bouton pause	95
Le jugement des autres	98
6. Trouver la foi en soi	101
Dieu comme moyen ou comme but	102
Notre témoin intérieur	106
Tous porteurs de fardeaux	109
Le divin est notre force	112
Notre trésor : aimer Dieu	116
7. Suivre l'exemple de la nature	120
La nature, notre mère	121
La persévérance de la nature	125
Honorer la nature	129
La véritable ahimsa (non-violence)	133
Le monde est notre jardin	137
8. Écouter et parler avec le cœur	141
Śravaṇam - Recevoir la sagesse	142
Patience dans nos interactions	147
Écouter avec le cœur	151
Le langage du cœur	156
9. Nous faisons partie d'un tout	160
Le vrai renoncement	161
La lumière dans l'obscurité	166
Soyez le changement	170
Prier pour les défunts	174
Le monde est une seule famille	178

10. Naviguer dans la vie ... 182

    Comprendre la nature du monde ... 183
    Les attentes nous font souffrir ... 187
    Titikṣā : La tolérance patiente ... 192
    L'arme de la sagesse ... 196
    Voir les choses à l'endroit ... 200

11. Spiritualisez votre journée ... 204

    Les compétences en action ... 205
    Aimer notre travail ... 210
    Le travail comme acte d'adoration ... 214
    Confiance en soi ... 219
    La conscience en action ... 223

12. Nettoyage de printemps ... 228

    La nettoyeuse divine ... 229
    La maladie de l'envie ... 234
    Purifier le mental ... 237
    Les bagages que l'on porte ... 241

13. Confiance dans la vie ... 245

    Insouciant comme un enfant ... 246
    Le parapluie de la grâce ... 251
    Tout est cadeau ... 255
    La foi optimiste ... 260

Glossaire des mots sanskrits courants ... 264
Bref résumé du Ramayana ... 267
Personnages du Ramayana ... 268
Bref résumé du Mahabharata ... 270
Personnages du Mahabharata ... 271
Guide de la prononciation ... 273
Remerciements ... 276

Qui est Amma ?

« Si nous plongeons assez profondément en nous-mêmes, nous découvrirons que le même fil d'amour universel relie tous les êtres entre eux. C'est l'amour qui unit tout. »

Amma

Par ses extraordinaires actes d'amour et de don de soi, Mata Amritanandamayi Devi ou «Amma» (Mère), comme on l'appelle affectueusement, a conquis le cœur de millions de personnes à travers le monde. Étreignant tendrement tous ceux qui viennent à elle, les serrant contre elle dans une étreinte d'amour, Amma partage son amour infini avec tous, indépendamment de leurs croyances, de leur statut social ou de la raison pour laquelle ils sont venus à elle. Au cours des cinquante dernières années, Amma a étreint physiquement plus de quarante millions de personnes à travers le monde.

Son inlassable dévouement a inspiré un vaste réseau d'activités humanitaires. En participant à ces œuvres, les bénévoles développent un sentiment profond de paix et d'épanouissement intérieur. Les enseignements d'Amma sont fondés sur le sanatana dharma, l'ancienne sagesse de l'Inde. Elle enseigne que le divin existe dans tout ce qui compose l'univers. Fondamentalement, comprendre cette vérité est le moyen de mettre fin à la souffrance.

Le message d'Amma est universel. Lorsqu'on lui demande quelle est sa religion, elle répond que sa religion est l'amour. Elle ne demande à personne de croire en Dieu ou de changer sa foi, mais seulement de s'interroger sur sa propre nature et de croire en soi.

Introduction

Qui qu'on soit et où qu'on soit dans le monde, on rencontre tous des défis. Nos vies ne se déroulent pas toujours selon nos plans ou comme on le désire. De nombreux facteurs échappent à notre contrôle, ce qui entraîne parfois des sentiments d'impuissance, de stress et de manque d'estime de soi. On peut éprouver un sentiment d'isolement, nous sentir coupés du monde qui nous entoure. Alors que la plupart d'entre nous aspirent à la paix du mental et au contentement, on peut se retrouver aux prises avec l'anxiété, la colère ou la souffrance. De plus, on peut réagir à ces situations d'une manière qui aggrave nos difficultés.

C'est là que la spiritualité vient nous aider. Depuis des millénaires, de grands maîtres, tels que Mata Amritanandamayi Devi, qu'on appelle affectueusement Amma, nous guident pour qu'on applique les enseignements de la spiritualité dans notre vie quotidienne. Ce faisant, on trouve non seulement un épanouissement intérieur, mais on contribue également à la construction d'un monde meilleur en harmonie avec la nature. Il n'est pas nécessaire de vivre dans un ashram ou d'avoir un programme de méditation strict pour mettre ces leçons en pratique, mais plutôt d'avoir la volonté sincère de changer notre perspective et notre façon d'interagir avec le monde.

Le message au cœur de la vie et des enseignements d'Amma est exprimé par le *sūrya-bimba-nyāya*, l'exemple des reflets du soleil :

dṛg-ekā sarva-bhūteṣu bhāti dṛśyairanekavat
jala-bhājana-bhedena mayūkha-srag-vibhedavat

Le Soi reflété dans tous les êtres est un. C'est à cause des objets dans lesquels il se reflète qu'il apparaît comme

Introduction

multiple, comme le soleil unique, orné d'une guirlande de rayons de soleil, apparaît comme multiple lorsqu'il se reflète dans divers pots d'eau[1].

Amma explique : « Le Créateur et la création ne font qu'un. Si nous plaçons cent pots d'eau à la lumière du soleil, nous verrons un reflet du soleil dans chacun d'entre eux. Mais en réalité, il n'y a pas cent soleils, il n'y a qu'un seul soleil. De même, la conscience qui nous habite tous est la même. En comprenant cela, tout comme la main qui caresse spontanément l'autre main pour l'apaiser quand elle souffre, puissions-nous tous consoler et soutenir les autres comme nous le ferions pour nous-mêmes. »

Les enseignements d'Amma incarnent les valeurs du sanatana dharma. Sanatana signifie « éternel « et dharma vient de la racine sanskrite *dhṛ* qui signifie « maintenir ensemble « ou « soutenir «. Sanatana dharma peut donc être compris comme « harmonie éternelle «. Comme le dit Amma, le sanatana dharma, en réalité, n'est pas une religion. C'est la somme totale de tous les principes, de toutes les voies de pratique spirituelle et de toutes les coutumes qui conduisent à l'élévation spirituelle de chacun.

Ce livre est une compilation des conférences que j'ai eu l'occasion de donner en malayalam dans le cadre de Sandhya Deepam, une émission spirituelle diffusée sur Amrita TV[2]. Il se veut un guide pratique pour tous ceux qui recherchent un bonheur plus profond dans leur vie, tous ceux qui cherchent à se libérer d'un sentiment d'aliénation et à faire l'expérience de l'unité universelle qui, selon Amma, est notre véritable nature. Il ne s'agit pas seulement de grandes théories à admirer dans les livres, mais d'une réalité dont on peut faire l'expérience ici

---

[1] Naishkarmya Siddhi 2.47.
[2] Amrita Television est une chaîne de divertissement gratuite en malayalam appartenant au Mata Amritanandamayi Math.

et maintenant si on fournit un véritable effort. Si on réfléchit à notre vie quotidienne, à nos interactions et à nos relations, on peut acquérir de précieuses connaissances sur nous-mêmes et sur notre mental et commencer à développer une ouverture intérieure. Cela nous permet de traiter notre environnement et nos semblables avec amour et respect, compassion et acceptation.

Ce livre est fondé sur la vie et les enseignements d'Amma, sur les Écritures indiennes et sur mes expériences personnelles. De nombreuses histoires sont tirées de deux grandes épopées, le Ramayana et le Mahabharata, qui font partie intégrante de la culture indienne. Tous les Indiens connaissent ces histoires, qu'ils les aient entendues de leurs grands-mères, qu'ils les aient vues représentées sous diverses formes artistiques, qu'ils aient regardé les versions des séries télévisées ou qu'ils aient lu les bandes dessinées. Elles constituent une riche illustration des différentes facettes de la nature humaine.

Pour les lecteurs qui ne connaissent pas encore ces histoires et leurs personnages, des versions résumées de chacune sont incluses à la fin du livre.

Cent pots se veut un ouvrage de référence sur certaines des questions qui peuvent se poser au cours de notre voyage intérieur. Il n'est pas nécessaire de lire le livre dans l'ordre. Vous pouvez lire directement les chapitres qui vous intéressent ou simplement ouvrir une page au hasard chaque jour pour y trouver un sujet de contemplation.

1

Apprendre du monde qui nous entoure

Dans le Srimad Bhagavatam, Dattatreya nous montre que tout ce qui existe dans le monde a une leçon à nous enseigner. Au temps de ses pratiques spirituelles, il voyait tout ce qui l'entourait comme son guru. Comme Dattatreya, on peut aussi apprendre à considérer ce qui nous arrive dans la vie comme une occasion de grandir. Chaque situation dans laquelle on se trouve, chaque personne qu'on rencontre, a une leçon à nous donner. Notre évolution sur le chemin de la vie dépend de notre capacité à percevoir, intérioriser et mettre en pratique les enseignements reçus en cours de route.

Être un débutant

Il y a quelques années, on m'a demandé de cuisiner pour un invité en visite à l'ashram. J'ai reçu un message de l'assistant de l'invité me demandant de préparer du puttu (un plat traditionnel cuit à la vapeur, à base de farine de riz et de noix de coco) pour le petit-déjeuner du lendemain. Je n'avais jamais préparé de puttu auparavant. J'en avais seulement mangé. Qu'est-ce que j'ai fait ? Je suis allée sur YouTube et j'ai regardé une ou deux vidéos qui montraient comment préparer ce plat. Il s'agissait de vidéos de femmes au foyer qui donnaient des instructions très détaillées dans leur cuisine. Les vidéos montraient clairement comment mélanger la farine et l'eau pour obtenir la consistance voulue, comment remplir le plat de puttu, ajouter la noix de coco et comment le cuire à la vapeur.

Le lendemain matin, je me suis mise au travail, confiante. J'ai mélangé l'eau à la farine comme sur YouTube. Jusque-là, tout allait bien. J'ai obtenu ce qui me semblait être la bonne consistance, exactement comme on l'avait dit : « Le mélange doit ressembler à du sable mouillé et garder sa forme lorsqu'on le prend dans la main, mais il ne doit pas être trop mouillé. » J'ai laissé reposer le mélange pendant un certain temps. Lorsque je l'ai mis dans le cuiseur à vapeur, j'ai eu un petit doute. Il semblait s'être desséché. Mais forte de ce que j'avais appris sur YouTube, j'ai continué, sans prendre la peine de demander conseil à qui que ce soit.

J'ai mis le puttu cuit dans l'un des récipients et je l'ai conservé avec les autres plats. Quelqu'un a récupéré le petit-déjeuner et l'a apporté à l'invité. Une demi-heure plus

Apprendre du monde qui nous entoure

tard, la personne qui avait livré le repas est revenue. À son visage, j'ai compris que quelque chose n'allait pas. Il a dit : « Tout le reste était bon, mais... le puttu était un désastre ! J'ai ouvert le récipient devant l'invité et le puttu s'est désagrégé devant lui. Il s'est réduit en poudre sous ses yeux ! »

Inutile de dire que je me suis sentie horriblement mal : j'avais contrarié notre invité. Pire encore, j'étais embarrassée d'avoir raté la préparation d'un plat aussi simple et basique. Avec le recul, je comprends mieux ce qui n'a pas marché : je m'étais fiée sans hésiter à ce que j'avais appris sur YouTube. Je connaissais la marche à suivre et j'avais tous les bons ingrédients. Ce qui m'a manqué, c'est l'humilité du débutant. J'aurais dû me rendre compte que, sans expérience, je devais demander conseil à quelqu'un. Au lieu de cela, je me suis laissée guider par mon sentiment mal placé de « Je sais tout » et cette attitude m'a conduite à la catastrophe !

Amma dit : « L'attitude du débutant est la porte d'entrée du monde de la connaissance et de l'ouverture. C'est l'attitude qui pousse à dire : « Je ne sais rien. S'il vous plaît, expliquez-moi. » L'humilité et un mental qui accepte sont naturels quand on a cette attitude. La grâce afflue de partout et on s'ouvre à la connaissance. »

Par contre, si on a l'attitude du : « Je sais tout », l'orgueil ferme notre mental. Notre vie devient monotone et ennuyeuse ; elle perd sa fraîcheur. Alors que si on adopte l'attitude d'un débutant, on pourra commencer chaque journée avec enthousiasme, ouvert à toutes les nouvelles expériences et à tout ce qu'on peut en apprendre.

Même si le Seigneur Rama était un être complet et parfait, il est né en tant qu'être humain et nous a montré l'exemple. Son savoir était absolu, il nous a pourtant montré l'attitude à adopter face à la vie, l'attitude du débutant, l'humilité de demander conseil et la volonté de tirer des leçons de toutes les situations que la vie nous apporte.

Le Seigneur Rama a considéré les 14 années d'exil comme une occasion d'apprendre. Grâce à ses nombreuses expériences et relations, il nous a montré qu'on peut apprendre de tout et de tous ceux qui nous entourent. Il a rencontré beaucoup de personnes différentes et a observé attentivement leur caractère. Il a appris de chacune d'entre elles. Il a beaucoup apprécié l'amitié sincère et loyale de Guha et l'altruisme de Jatayu. Il s'est imprégné de la connaissance de sages exceptionnels. Il a été témoin du dévouement et de l'amour de Shabari, ainsi que du sens de l'organisation de Sugriva. Il a apprécié la maturité de Jambavan, l'alliance de la force et de l'innocence chez Hanuman et l'intégrité de Vibhishana. En vivant au contact de ces personnes, Rama a pu comprendre leurs besoins, leurs intérêts et leurs préoccupations et faire preuve d'empathie à leur égard.

Rama a tiré des leçons inestimables sur le dharma (pensée juste, action juste au bon moment) non seulement auprès de grands sages et de souverains, mais aussi auprès d'animaux tels que les singes, d'un écureuil apparemment insignifiant, d'un vautour dévot et fidèle et même auprès de démons et d'autres personnes qui se sont opposées à lui ou l'ont critiqué. Pour un véritable sage, le processus d'apprentissage est sans fin.

Amma dit : « Nous devons toujours avoir l'attitude d'un débutant. L'ouverture d'esprit est la caractéristique d'un débutant. C'est l'humilité et la soif de savoir et d'apprendre. C'est la volonté d'accepter ce qui est bon, indépendamment de la source. Si nous sommes capables d'aborder chaque situation de notre vie avec un esprit ouvert, cela éveillera en nous la patience, la conscience et l'enthousiasme. Nous pourrons tirer une leçon de chaque situation. Notre vie sera réussie. »

Comme le dit le proverbe sanskrit :

Apprendre du monde qui nous entoure

*yukti yuktim pragṛhṇīyāt bālād api vicakṣaṇaḥ
raver-aviṣayaṁ vastu kiṁ na dīpaḥ prakāśayet*

Le sage devrait apprendre à accepter la sagesse de n'importe qui, même d'un enfant. La petite lampe de nuit n'éclaire-t-elle pas des choses que le soleil ne peut pas éclairer ?

La réceptivité d'un débutant nous évitera bien des désastres potentiels, y compris en cuisine ! Et nous permettra de devenir de meilleures personnes.

Le monde est notre enseignant

Amma nous dit d'apprendre de tout dans la vie. Les leçons de la vie semblent particulièrement nombreuses dans nos interactions avec les autres. De plus, c'est généralement grâce à elles que nous apprenons le mieux à nous connaître et à devenir de meilleurs êtres humains.

Tout le monde veut être aimé, tout le monde veut que ses efforts soient reconnus, tout le monde veut être écouté et compris. Chaque fois que quelqu'un est gentil avec nous, on peut utiliser cette expérience comme une occasion de grandir. Si on se souvient de ce que l'expérience nous a fait ressentir, cela peut nous inciter à faire preuve de la même gentillesse à l'égard des autres. On peut aussi tirer des leçons des expériences difficiles. Amma dit : « Il y a un message divin caché dans chaque expérience que la vie nous apporte, qu'elle soit positive ou négative. »

Lorsque j'étais étudiante, j'avais une amie qui m'a appris à être une « bonne amie ». Grâce à elle, j'ai appris des choses auxquelles je n'avais pas accordé beaucoup d'importance auparavant et j'ai compris que les marques extérieures d'attention et d'appréciation, qui ne signifiaient pas grand-chose pour moi, étaient importantes pour établir des relations avec les autres.

J'ai commencé à comprendre l'intérêt de se souvenir de l'anniversaire de quelqu'un et de le marquer d'une manière ou d'une autre, ou de rapporter un petit cadeau quand je revenais de voyage. Aussi modeste que soit le geste, ces cadeaux sont une marque d'appréciation.

Apprendre du monde qui nous entoure

Finalement, cette amie s'est fait de nouveaux amis et n'avait plus envie de passer du temps avec moi. Elle a arrêté de faire attention à moi : elle oubliait mon anniversaire, alors qu'elle était fâchée si je me rappelais le sien avec quelques heures de retard. Toutes ses marques d'attention habituelles se sont brusquement arrêtées. Au début, je me suis sentie blessée ; j'avais l'impression qu'elle était injuste. Mais au bout de quelques jours, je me suis dit que je devais arrêter de penser qu'elle n'était pas une bonne amie. Je devais plutôt réfléchir au type d'amie que je voulais être.

Et grâce à ce changement de point de vue, tous mes sentiments ont disparu. J'ai gagné en force et en courage. Je me suis dit : « Très bien, sois comme tu veux. Je ne vais pas m'énerver pour des petites choses. Je ferai en sorte de rester une bonne amie, malgré tout ! » Elle m'avait vraiment appris à être une bonne amie, par sa gentillesse et son attention du début, mais encore plus par la suite, par son indifférence et son manque d'attention. Son comportement m'a fait comprendre ce que je ne voulais pas être.

Cette attitude est mise à l'honneur dans le Mahabharata :

yad anyair-vihitaṁ necchad-ātmanaḥ karma pūruṣaḥ na tat pareṣu kurvīta jānann-apriyam ātmanaḥ

Ce qu'il ne trouve pas agréable quand les autres le lui font, il ne doit pas le faire aux autres. Il doit savoir que ce qui le rend malheureux ne peut pas rendre les autres heureux[3].

Depuis, si quelqu'un agit d'une manière qui me semble blessante ou irrespectueuse, j'essaie d'en tirer une leçon et de prendre une résolution : « Que je ne fasse jamais souffrir quelqu'un de la

---

[3] Mahabharata, Shanti Parva 259.20.

même manière. » Si quelqu'un n'exprime pas sa reconnaissance à un moment où j'estime qu'il le devrait, j'essaie de me réaffirmer intérieurement : « Je ferai en sorte d'être reconnaissante envers les autres. » Lorsqu'on se concentre sur notre attitude et sur nos valeurs, on en retire une force et un courage immenses. Cela donne confiance en soi, car on sait que, quoi qu'il arrive, on aura quelque chose à apprendre de cette situation.

Pour pouvoir apprendre comme ça, on doit se rappeler que nous sommes tous interconnectés. Tout comme on a notre monde à nous, tout le monde a un monde à soi. Tout comme les actions des autres nous affectent, nos actions et nos paroles ont un impact sur les autres. On peut vraiment blesser quelqu'un par un mot dur ou en détournant la tête. De même, on peut égayer la journée de quelqu'un avec un simple sourire ou un geste gentil.

L'autre jour, j'ai envoyé un message à une personne que je connais en Europe pour prendre de ses nouvelles. C'était un tout petit geste pour moi, ça ne m'a pris que quelques minutes. Mais le lendemain, j'ai reçu un message me disant : « Je ne peux pas te dire à quel point j'ai été touchée par ton message. » Un autre jour, une résidente de l'ashram m'a parlé de l'hospitalisation de son fils, il y a une vingtaine d'années. Aujourd'hui encore, elle se souvient du sourire attentif et bienveillant que lui a adressé la dame qui travaillait au guichet de l'hôpital. Cela lui a donné le sourire, un sourire qu'elle a rendu à son fils malade. Ces petits gestes de gentillesse ne demandent qu'un petit effort, mais ils peuvent avoir un très grand impact.

Bien que des millions de personnes à travers le monde considèrent Amma comme leur guide spirituel et leur source d'inspiration ultime, on entend souvent Amma dire : « La création tout entière est mon guru. J'ai appris de tout : des arbres, des fleurs, des rivières, de la terre, de chaque créature, des petits enfants, des analphabètes et même des créatures aussi

Apprendre du monde qui nous entoure

minuscules que les fourmis. » Si on acquiert la maturité nécessaire pour tirer des enseignements de toutes nos interactions, on progressera en tant qu'êtres humains. On se rappellera à quel point nous sommes interconnectés et on cessera d'être avare de nos sourires et de nos attentions.

Accueillir la critique

Le Mahabharata raconte l'histoire de deux groupes de cousins en guerre : les Kauravas et les Pandavas. Les Pandavas sont du côté de la vertu. Les deux clans appartiennent à la lignée des Kurus et finissent par se disputer le trône d'Hastinapura au cours d'une guerre cataclysmique. Les préparatifs de la guerre du Mahabharata étaient en cours. Bhishma, le commandant en chef de l'armée Kaurava, s'est concerté avec Duryodhana au sujet de la disposition des guerriers sur le champ de bataille.

En ce qui concerne Karna (un grand guerrier et ami proche de Duryodhana), Bhishma a dit : « Ô roi, Karna te pousse toujours à la guerre contre les Pandavas. Il est dur et vantard. Ce n'est pas un guerrier puissant. Il n'a plus les boucles d'oreilles et l'armure divines avec lesquelles il est né ; il les a données. La malédiction de Parashurama lui fera oublier ses armes divines au moment où il en aura le plus besoin. Il a également été maudit par un brahmane. À cause de tout cela, il n'est, à mon avis, qu'un guerrier médiocre. » En entendant cela, Karna a explosé de colère. Il s'en est pris à Bhishma : « Ô grand-père, je suis innocent, mais tu m'as toujours détesté. Tu penses maintenant que je suis incapable et lâche. Je suis sûr que toi, tu es un guerrier médiocre. Tu as toujours voulu du mal aux Kurus et à l'univers tout entier ! » Il s'est ensuite tourné vers Duryodhana et lui a dit : « Ô roi, que sait cet imbécile de Bhishma de l'art de la guerre ? » Il a alors déclaré fermement : « Je ne me battrai pas tant que Bhishma sera en vie. Je ne me battrai avec les puissants guerriers que lorsqu'il aura été tué. » Karna ne supportait pas la critique. Bhishma était un ancien qui avait de la sagesse et de

Apprendre du monde qui nous entoure

la clairvoyance, mais au lieu de prendre en compte ses paroles, Karna s'est mis en colère.

On réagit souvent comme ça quand on nous critique. Amma rit quelquefois de nos réactions disproportionnées à la moindre pique faite à notre ego !

Il y a quelques mois, j'étais assise devant mon ordinateur, car j'avais du travail à terminer. Une notification s'est affichée sur mon téléphone. J'y ai jeté un coup d'œil : un ami me demandait un conseil. Je me suis dit que ce n'était pas urgent et que je répondrai quand j'aurais fini mon travail. Quelques minutes plus tard, un autre bip. Cette fois, il s'agissait d'un message pour le travail, mais ça pouvait aussi attendre. J'ai continué à travailler. Un peu plus tard, ma mère m'a envoyé une photo des fleurs de son jardin. Ce n'était pas urgent.

Un autre message est arrivé, celui d'une amie qui avait regardé un enseignement que j'avais donné en ligne. Elle me complimentait. Pas assez urgent pour répondre tout de suite. Je m'en suis tenue à mon travail. Mais un deuxième message de la même personne est arrivé. Je n'ai pu voir que le début du message dans les notifications. D'après ces deux lignes, j'ai compris qu'elle remettait en question une des choses dont j'avais parlé dans mon enseignement. J'ai immédiatement pensé : « Quoi ? Elle me critique ? Il faut que je m'en occupe tout de suite ! »

J'ai commencé à réfléchir à ce que j'allais répondre à cette critique, aux justifications que je pourrais utiliser pour montrer que j'avais raison et que la critique de mon amie était sans fondement. Mais au moment où je m'apprêtais à répondre, je me suis soudain rendu compte que ma réaction était idiote.

J'avais décidé de m'occuper de tous les messages précédents que j'avais reçus, plus tard, après avoir terminé mon travail. Qu'y avait-il de particulier dans ce message ? En réalité, il n'y avait aucune urgence. La seule cause de ce sentiment d'urgence, c'était que mon ego avait été piqué au vif. J'ai réalisé que mon ego ne supportait pas la moindre critique.

Amma dit : « Nous n'aimons généralement pas que d'autres personnes nous fassent des reproches et nous critiquent. Beaucoup d'entre nous se sentent mal à l'aise lorsqu'ils sont critiqués. Certains s'attristent, d'autres réagissent et contestent les critiques. D'autres encore se lancent dans une contre-attaque. Chacun d'entre nous s'empresse de justifier son propre point de vue. Mais ce n'est pas ainsi qu'on doit répondre aux critiques et aux accusations. Si nous sommes disposés et attentifs à les accepter, elles peuvent devenir des facteurs de croissance. »

Amma raconte souvent l'histoire suivante : il y a longtemps, des articles anonymes critiquant le dirigeant d'un pays ont commencé à paraître régulièrement dans un journal clandestin. Le gouvernement a engagé des agents secrets pour rechercher l'identité de l'auteur. Après de longues recherches, ils ont retrouvé l'auteur et l'ont traîné devant le souverain du pays. La cour a eu pitié du pauvre homme, se demandant quel sort lui serait réservé. Mais le souverain a surpris tout le monde en déclarant : « J'ai lu vos articles. Vous analysez en profondeur mes actions et mes intentions. Grâce à vos articles, j'ai compris beaucoup de choses que j'avais négligées et j'ai pris conscience de mes défauts. Si vous devenez mon secrétaire, je pourrai corriger mes erreurs et mieux gouverner le pays. » Amma dit que le dirigeant du pays de cette histoire est un exemple pour nous.

Souvent, les autres ont une perception plus juste de nous que nous-mêmes. Voici ce qu'Amma recommande : « Lorsque quelqu'un nous critique, au lieu de nous mettre en colère et de réagir immédiatement, nous devrions réfléchir et nous nous rendrons probablement compte que ce qu'il a dit était correct. Car, vu de l'extérieur, l'autre personne est comme un témoin de nos actions. Elle y voit donc plus clair. Par contre, nous sommes

Apprendre du monde qui nous entoure

identifiés à nos actions. Nous ne verrons donc pas l'erreur que nous avons pu commettre. »

Si Karna avait été plus mature et plus clairvoyant, il aurait pu réfléchir aux paroles de Bhishma au lieu de réagir aussi brutalement. Il aurait pu éviter les paroles impitoyables qu'il a prononcées, annonçant, souhaitant presque la mort de Bhishma. Et dans mon cas, si j'avais été un peu plus mature, je n'aurais pas laissé une petite critique me déconcentrer. Ou au moins, avant de passer à la contre-attaque, j'aurais pu réfléchir à ce que mon amie voulait dire. J'aurais pu apprécier son honnêteté et faire un petit effort pour voir la situation de son point de vue.

Amma dit : « La rose est belle. Mais pensez au fumier que nous donnons au rosier. Nous y mettons de la bouse de vache et des restes de feuilles de thé. Ce fumier est nécessaire pour que des fleurs éclatantes et saines bourgeonnent et s'épanouissent. De même, nous avons besoin du fumier de la critique pour grandir. »

Le dharma d'une mère

Il y a quelques années, en 2012, une course d'endurance a eu lieu en Espagne. Le champion du Kenya, Abel Mutai, était en tête. Il était clair pour tout le monde qu'Abel allait gagner. Mais Abel s'est arrêté de courir à presque 10 mètres de la fin. Il pensait à tort qu'il avait déjà atteint la ligne d'arrivée. Le public espagnol a essayé de lui crier de continuer, mais ils parlaient en espagnol, une langue qu'il ne comprenait pas. Le coureur suivant l'avait déjà rattrapé. Ce coureur, Ivan Fernandez, aurait facilement pu profiter de l'erreur du coureur kényan et franchir la ligne d'arrivée en premier. Mais Fernandez ne l'a pas fait. Au contraire, il a poussé Abel vers la ligne d'arrivée et lui a fait signe qu'il devait continuer à courir. Abel a gagné la course.

Interrogé sur ce qu'il avait fait, Fernandez a déclaré : « Abel était le vainqueur légitime. Il avait 20 mètres d'avance sur moi lorsqu'il s'est arrêté pensant avoir atteint la ligne d'arrivée. Je ne méritais pas de gagner. J'ai fait ce que j'avais à faire. » Mais en fait, d'une certaine manière, Fernandez a bel et bien gagné. Il n'a pas gagné la course, mais son sens du dharma, son honnêteté et son intégrité lui ont valu le respect de milliers de personnes à travers le monde.

Ce moment, à la fin de la course, a été immortalisé par une photo devenue virale qui a valu à Fernandez une avalanche de demandes d'ami sur Facebook. À la fin de l'entretien, Fernandez a déclaré : « Si je l'avais dépassé et gagné, qu'est-ce que ma mère en aurait pensé ? »

Amma dit : « Les mères sont les mieux placées pour semer les graines de l'amour, de la fraternité universelle et de la patience

Apprendre du monde qui nous entoure

dans nos esprits. Il y a un lien spécial entre une mère et son enfant. Les qualités de la mère sont transmises à l'enfant, y compris par le biais du lait maternel. La mère comprend le cœur de l'enfant. Elle lui prodigue son amour, lui enseigne les leçons positives de la vie et corrige ses erreurs. »

Dans le Mahabharata, Mère Kunti a élevé seule les cinq frères Pandava bien que seuls trois d'entre eux aient été ses propres fils ; deux d'entre eux étaient les fils de Madri, la seconde épouse de Pandu. Kunti était une mère forte et aimante, aux valeurs nobles qu'elle transmettait à ses fils. Par son exemple, Kunti a toujours enseigné aux Pandavas l'importance du dharma et du maintien de relations harmonieuses entre eux.

Une autre mère aurait peut-être favorisé ses propres fils, Yudhishthira, Bhima et Arjuna, au détriment de Nakula et de Sahadeva, les fils de Madri. Mais Kunti ne montrait pas la moindre préférence à l'égard de ses propres fils. En fait, c'était tout le contraire. Elle accordait une attention particulière aux fils de Madri, comme pour les protéger de la douleur d'avoir perdu leur mère.

Une partie de dés tragique oppose Yudhishthira, l'aîné des frères Pandava, à Shakuni qui joue pour le compte de Duryodhana. Yudhishthira perd la partie et, à cause de sa défaite, les Pandavas et leur épouse Draupadi sont exilés dans la forêt pendant 12 ans. En leur faisant ses adieux, Mère Kunti, les yeux remplis de larmes, dit à Draupadi : « Prends soin de mes fils, Draupadi. Je te confie mon Sahadeva qui est encore un enfant. Ne sois pas seulement une épouse, mais aussi une mère pour lui. »

Kunti a transmis à ses fils un fort sens du dharma. C'est son amour et son sens du dharma qui les ont unis. Un jour, vers la fin de l'exil des Pandavas, Yudhishthira a trouvé ses frères gisant sans vie au bord d'un lac. Il s'est avéré que le responsable était un yaksha (être semi-divin) qui vivait dans le lac. Alors que Yudhisthira s'approchait de ses frères morts, Yudhishthira et le yaksha ont discuté. Le yaksha a testé Yudhishthira en lui posant une série de questions. Yudhishthira a répondu à toutes les questions et a brillamment réussi le test du yaksha.

Le yaksha a fini par être satisfait de Yudhishthira et lui a dit : « Je t'accorde un vœu. Demande-moi la vie de l'un de tes frères. »

Sans hésiter, Yudhishthira dit : « Laisse vivre mon Nakula. »

Étonné, le yaksha dit : « Je suis surpris. Je sais que tu préfères Bhima parmi tes frères et que tu comptes sur Arjuna pour gagner la guerre à venir. Pourtant, tu choisis la vie de Nakula plutôt que la leur. Pourquoi ? »

« Ô yaksha, mon père avait deux femmes, Kunti et Madri. L'un des fils de Kunti est vivant, c'est moi. Le dharma veut que l'un des fils de Madri vive aussi. J'ai donc choisi Nakula. »

Le yaksha était tellement satisfait que Yudhishthira respecte le dharma qu'il a accordé la vie aux quatre frères. Ceci n'est qu'un des innombrables exemples de la remarquable fidélité des frères Pandava au dharma. Et à travers tous ces incidents, ce sont l'amour et les hautes valeurs morales de Kunti qui transparaissent à travers ses fils.

Amma dit : « La responsabilité d'une mère ne peut être sous-estimée. Une mère a une influence immense sur ses enfants. Lorsque nous voyons des individus heureux et paisibles, des enfants dotés de nobles qualités et de bonnes dispositions, des hommes qui ont une force immense face à l'échec et aux situations adverses, des personnes qui possèdent de grandes qualités de compréhension, de sympathie, d'amour et de compassion envers ceux qui souffrent et ceux qui donnent d'eux-mêmes aux autres, nous trouvons généralement une excellente mère qui les a inspirés pour qu'ils deviennent ce qu'ils sont. » Le terme « mère » désigne ici toute figure parentale ou tutélaire qui nous a comblés d'amour au cours de notre éducation.

Amma poursuit : « L'essence du sentiment maternel ne se limite pas aux femmes qui ont enfanté ; c'est un principe inhérent à la fois aux femmes et aux hommes. C'est une attitude de l'esprit : c'est l'amour. »

La bonne nouvelle, c'est que nous avons tous une « mère » divine. Cela ne signifie pas nécessairement qu'on conçoit le suprême sous une forme féminine. Au cœur de la plupart des représentations du divin, si ce n'est de toutes, se trouvent les qualités maternelles dans leur forme la plus parfaite : la compassion, la patience, le pardon et l'amour inconditionnel.

Bien qu'abstraites par nature, ces qualités deviennent tangibles grâce au lien qu'on entretient avec le guru, le lien qu'on entretient avec une âme qui a réalisé le Soi, quelle que soit la tradition dont elle est issue et qu'elle soit ou non encore dans un corps physique.

Le sanatana dharma décrit ce lien comme la forme la plus élevée de l'amour. D'où les vers traditionnels adressés au guru :

> tvam eva mātā ca pitā tvam eva
> Tu es à la fois ma mère et mon père

Grâce à ce lien, le guru nous comble de son amour et, de ce fait, nous guide tendrement pour qu'on devienne de meilleurs êtres humains. Plus on aborde son enseignement avec sincérité, plus on s'imprègne de ses qualités et plus on grandit.

Savoir s'émerveiller

J'ai une amie à l'ashram qui a deux enfants. Ils ont deux ans d'écart, mais leurs anniversaires sont très proches. Le fils fête son anniversaire le 10 mai et sa petite sœur deux jours avant, le 8 mai. Il y a quelques années, j'ai été invitée à venir chez eux pour l'anniversaire de la petite fille. Elle était très contente de me montrer la nouvelle robe qu'elle avait reçue pour sa poupée. Nous nous sommes tous assis et avons mangé un morceau de son gâteau d'anniversaire.

Voyant que sa sœur était l'objet de toutes les attentions, son frère aîné a demandé : « Maman, pourquoi ce n'est pas encore mon anniversaire ? » Sa mère lui a répondu : « Sois patient, mon chéri, ton tour viendra bientôt. Ton anniversaire est après-demain ! » Le garçon ne comprenait pas : « Mais maman, je suis plus âgé que ma sœur, j'ai deux ans de plus qu'elle ! Alors pourquoi son anniversaire est-il avant le mien ? » Mon amie a essayé d'expliquer les choses à son fils, mais elle a eu beau faire, cela ne voulait rien dire pour lui. Mon amie et moi avons souri d'un air entendu.

Plus tard, j'ai réfléchi à cet incident et je me suis dit qu'on est comme ça même lorsqu'on est adulte. À son âge, le cerveau de ce garçon ne pouvait pas tout comprendre. Il ne pouvait pas imaginer que quelque chose lui échappait, qu'il y avait quelque chose qui dépassait son intelligence.

Dans tous les domaines, nos connaissances sont toujours limitées. La science a fait d'énormes progrès, mais il nous reste encore beaucoup à apprendre, même sur le corps humain qui fait pourtant partie de nous. Alors, que dire de notre connaissance

Apprendre du monde qui nous entoure

de l'univers ? Nos connaissances sont limitées. C'est drôle de constater qu'on connaît si peu de choses. Mon amie et moi avons eu envie de rire du niveau de compréhension de son fils, mais nous ne sommes en fait pas très différentes de lui. On oublie toujours à quel point nos connaissances sont limitées et on pense qu'on n'a plus rien à apprendre. En revanche, quand on prend conscience des limites de sa compréhension, on a l'humilité et l'ouverture d'esprit d'un débutant. Ce n'est qu'à cette condition qu'on pourra continuer à apprendre de tout, tout au long de sa vie.

Le savoir d'un mahatma (grande âme) dépasse de loin notre compréhension. Le savoir d'Amma est insondable. Mais en même temps, Amma est un exemple parfait d'humilité et de réceptivité. Si on observe les yeux d'Amma, on peut voir que pour elle, tout est toujours frais et nouveau. Elle a le même sens de l'émerveillement et de l'innocence que les petits enfants. Rien n'est ennuyeux pour Amma, même si elle fait la même chose jour après jour depuis une cinquantaine d'années. Elle voit tout comme une manifestation extraordinaire du divin. Amma dit : « Tout dans la nature est un miracle merveilleux. Le petit oiseau qui vole dans le vaste ciel n'est-il pas un miracle ? Le petit poisson qui nage dans les profondeurs de l'océan n'est-il pas un miracle ? »

Dans de rares moments, peut-être en contemplant les étoiles par une nuit sans lune, nous entrevoyons la magie de la vie. Les scientifiques affirment qu'il y a beaucoup plus d'étoiles dans le cosmos que de grains de sable sur Terre ! Le fait d'essayer d'imaginer que bon nombre des étoiles qu'on voit sont comme notre soleil, peut-être au centre de toute une galaxie, nous rend humbles et nous aide à réaliser à quel point notre planète et tous ceux qui la peuplent sont minuscules. En fait, notre soi-disant grande connaissance est ridiculement étroite. Une nuit étoilée qui scintille peut nous inspirer de l'admiration et de l'émerveillement, mais cela ne suffit pas. On peut apprendre à apprécier le fait que chaque chose est une merveille. Souvent, on passe nos journées sans s'arrêter et sans remarquer ce qui nous entoure. On oublie que le simple fait d'ouvrir les yeux chaque matin est une merveille en soi.

Imaginons qu'on sorte de chez nous pour aller au travail. On peut prendre une seconde pour être présent à ce moment-là, pour observer le monde qui nous entoure. On peut sentir la chaleur des rayons du soleil sur notre peau. L'oiseau qui passe rapidement devant nous comme s'il ignorait l'agitation de la route, prenons le temps de suivre son vol. Observons le vert éclatant de l'herbe qui pousse dans une fissure de trottoir. On peut accueillir les différentes sensations, sons et odeurs ; tout à la fois...

On sent que nos jambes nous portent sans qu'on y pense, sans qu'on le leur demande. On peut contempler ce que ça a de merveilleux.

La liste est infinie. Comme ça, on peut transformer les moments les plus ordinaires de notre journée en moments d'émerveillement. Il suffit de changer de perspective. Pour ça, il faut revenir au moment présent en se détachant de notre bavardage mental constant qui rumine le passé et s'angoisse pour l'avenir. Si on y parvient, tout nous semblera frais, nouveau et unique. On comprendra un peu mieux ce qu'Amma ne cesse de nous répéter, tout est divin et le monde entier est une incroyable manifestation du divin.

Amma dit : « Le mahatma est plein d'innocence et d'émerveillement, il ne s'ennuie jamais. Il est comme un enfant qui ne se lasse pas d'entendre le chant des oiseaux, qui ne se lasse pas de regarder les fleurs, qui est toujours fasciné par la lune qui se lève. Comme l'univers d'un enfant, la vie du mahatma est

Apprendre du monde qui nous entoure

remplie d'émerveillement. Pour eux, tout est nouveau et tout est frais. »

On peut penser que le Seigneur Krishna n'a accordé son *viśvarūpa-darśana* (la vision de sa forme universelle) qu'à quelques privilégiés. Mais en réalité, le monde dans lequel nous nous réveillons chaque matin est le *viśvarūpa-darśana* du Seigneur. On doit juste le voir.

Après avoir vu le *viśvarūpa-darśana* du Seigneur, Sanjaya dit :

> *tacca saṁsmṛtya saṁsmṛtya rūpam atyadbhutaṁ hareḥ*
> *vismayo me mahān rājan hṛiṣyāmi ca punaḥ punaḥ*

En me souvenant de cette forme cosmique du Seigneur, si extraordinaire et si merveilleuse, mon étonnement est grand et ma joie est sans cesse ravivée[4].

Aux yeux de Dieu, on est comme ce garçon qui ne comprenait pas l'anniversaire de sa sœur ; on est incapable de comprendre l'essence de l'univers. Pour élargir notre vision, on peut essayer de revenir au moment présent et de regarder le monde qui nous entoure avec humilité et ouverture d'esprit.

---

[4] Bhagavad Gita 18.77

2

Être un guerrier

C'est sur le champ de bataille que le Seigneur Krishna a choisi de transmettre les enseignements de la Bhagavad Gita. Ce cadre n'est pas là par hasard ; il est choisi pour représenter la bataille qui se déroule en chacun de nous, la bataille entre nos idéaux et leurs obstacles, entre ce qu'on est et ce qu'on peut devenir. Ce champ de bataille se trouve dans le mental de chacun d'entre nous. À nous de devenir des guerriers pour apprendre à mener ces batailles intérieures et à aligner notre vie sur les valeurs auxquelles on croit.

Humilité héroïque

Amma dit : « La graine doit s'incliner devant la terre pour qu'apparaisse sa véritable forme de plante. Seule l'humilité nous permet de grandir. L'orgueil et la vanité ne font que nous détruire. Il faut donc rester fermement attaché à l'idée suivante : je suis là pour servir tout le monde. Alors, l'univers entier s'inclinera devant nous. »

Lorsqu'on entend le mot « humilité », la première chose qui nous vient à l'esprit peut être le respect qu'on témoigne aux personnes âgées, aux représentations de Dieu ou aux maîtres spirituels comme Amma. Mais ce n'est pas particulièrement admirable de ressentir de l'humilité devant Amma ou devant des représentations de Dieu. L'humilité véritable, c'est quand on est capable de s'incliner devant chaque être parce qu'on voit le divin en lui.

Malheureusement, notre monde a tendance à considérer l'humilité comme un signe de faiblesse alors qu'en réalité, c'est un signe de grande force. Comme le dit Amma : « L'humilité ne vous rend pas inférieur, elle vous rend plus digne, renforce votre caractère et vous aide à atteindre une vision plus claire et une plus grande ouverture intérieure. »

L'humilité n'est pas un principe spirituel élevé auquel il suffit de penser et pour lequel il suffit de prier. C'est une valeur à intégrer dans nos interactions quotidiennes. Chaque jour est plein d'occasions de pratiquer l'humilité. Le problème, c'est qu'on est identifiés à notre ego. La plupart du temps, on pense avoir raison et on n'est pas disposé à essayer de voir une situation du point de vue de l'autre. On est rarement prêt à faire des compromis.

Comme on est presque tous comme ça, à des degrés divers, nos interactions quotidiennes risquent de provoquer des étincelles !

Il y a quelques mois, un étudiant est venu se confier à moi. Il se sentait perturbé parce qu'il s'était retrouvé dans une situation conflictuelle avec quelqu'un d'autre. Ce qui avait commencé comme une discussion amicale s'était terminé en dispute. Pour ne rien arranger, il avait tourné les talons brusquement, d'une manière qui avait pu paraître impolie et irrespectueuse. Il s'était senti mal à l'aise à la suite de cet incident et restait contrarié par les propos de l'autre personne. Je lui ai dit de ne pas s'inquiéter et j'ai essayé de lui changer les idées en lui racontant une histoire drôle.

Le lendemain matin quand je l'ai revu, j'ai tout de suite vu à son visage qu'il était soulagé, comme si un poids avait été enlevé de ses épaules. Il m'a dit qu'il venait d'aller voir la personne avec laquelle il s'était disputé et qu'il s'était excusé. Il n'avait pas changé d'avis sur la question, mais il s'était rendu compte qu'il fallait être deux pour se disputer et qu'il était en partie responsable. Il s'est excusé d'avoir agi de manière irrespectueuse. L'autre personne ne s'attendait pas du tout à des excuses et a été complètement déconcertée. Après quelques instants, elle s'est excusée à son tour et a admis qu'elle s'était un peu emportée. Tous les deux ont ensuite eu une conversation respectueuse sur le sujet qui avait déclenché leur désaccord de la veille.

En réfléchissant à cet incident, j'ai été frappée par la grandeur qu'il y a à savoir dire : je suis désolé. On peut penser qu'il s'agit d'un signe de faiblesse, mais en réalité, c'est un formidable signe de courage. Qu'est-ce qui nous empêche de nous excuser ? C'est notre ego, notre insécurité, notre peur de paraître vulnérable et de montrer nos faiblesses. Ne soyons pas trop durs avec nous-mêmes, chacun d'entre nous a des imperfections. Il arrive à tout le monde de dire, dans le feu de l'action, des choses qu'on ne

Être un guerrier

pense pas vraiment. C'est une preuve d'honnêteté et de courage que de savoir reconnaître ses erreurs et de les avouer aux autres. Si on ne veut pas reconnaître ses défauts, nos relations peuvent se retrouver dans une impasse, chacun campant dans la forteresse de son ego en attendant que l'autre cède.

Dans le Ramayana, il y a une histoire merveilleuse d'un noble guerrier qui s'excuse. Il s'agit de Lakshmana, un personnage qu'on aime tous beaucoup.

Après avoir aidé Sugriva, le roi vanara[5], à retrouver son royaume perdu, Rama et Lakshmana attendaient dans une grotte dans la montagne près de Kishkindha[6] que la saison des pluies s'achève. Ensuite, ils pourraient partir à la recherche de Sita. Les pluies de la mousson avaient cessé, mais il n'y avait toujours aucun signe de Sugriva et de son armée de vanaras. À ce stade, le chagrin de Rama, séparé de Sita, était devenu insupportable. À sa demande, Lakshmana était parti en direction de Kishkindha pour rappeler à Sugriva sa promesse d'aider le Seigneur Rama. Bouleversé par le supplice de son frère bien-aimé, Lakshmana s'était mis dans une telle rage que les vanaras qui gardaient les portes avaient été terrifiés en le voyant s'approcher. Il était entré en trombe dans le palais et s'était retrouvé face à Sugriva. Il lui avait parlé avec férocité et l'avait accusé d'avoir menti, lui qui avait juré d'aider Rama à retrouver Sita.

Il s'est avéré que la colère de Lakshmana était un peu déplacée car Sugriva avait déjà commencé à préparer la recherche. Lakshmana s'en est rendu compte et s'est calmé. Il a félicité Sugriva, puis a dit : « Sugriva, avec ton soutien, Rama

---

[5] Singe.
[6] Cela se passe pendant l'exil du Seigneur Rama dans la forêt : Sita a été enlevée par Ravana, le roi des démons. Lorsque Rama et Lakshmana rencontrent Sugriva et se lient d'amitié avec lui, ce dernier leur promet de les aider à retrouver Sita.

vaincra sûrement notre ennemi. Pour ma part, si je t'ai parlé si durement, c'est parce que j'ai accompagné Rama pendant ces quatre mois de malheur et que j'ai entendu ses paroles pleines de tristesse. Je ne peux supporter de le voir souffrir comme ça. Pardonne-moi les mots que j'ai prononcés sans réfléchir. »

Le grand Lakshmana s'est excusé. Il faut beaucoup de grandeur d'âme pour qu'une personne s'excuse auprès d'une autre. On voit ici chez Lakshmana une véritable forme de vertu. En ce bas monde, personne n'est à l'abri de se tromper et, par conséquent, personne n'est à l'abri de devoir reconnaître ses erreurs ou ses défauts. En fait, Sugriva et Sita déclarent tous deux à différents moments du Ramayana : *na kaścid na aparādhyati,* Nul n'est sans défaut.

Amma dit : « Un cyclone déracine les grands arbres et les bâtiments, mais quelle que soit la force du cyclone, il ne peut pas abîmer l'herbe. C'est ça la grandeur de l'humilité. » Le véritable héroïsme et la bravoure se manifestent quand on est capable de reconnaître ses limites, quand on est honnête avec soi-même et avec les autres. En étant lucide sur ses propres défauts, il est beaucoup plus facile d'être patient et compréhensif avec les autres. En revanche, si on cherche à donner une image irréprochable de soi, on aura toujours peur et on manquera de confiance en soi.

On a tendance à oublier que l'humilité procure de la joie. Il s'agit en fait d'une excellente expérience personnelle : essayez et voyez comment elle influence nos comportements et notre journée. Quand on se sent humble, on se sent reconnaissant. Il n'est pas possible d'être à la fois reconnaissant et déprimé. Quand on est reconnaissant, on se sent naturellement satisfait et notre regard sur le monde devient plus optimiste.

La vertu ici et maintenant

À l'occasion de la fête d'Onam[7], on chante souvent une célèbre chanson en malayalam qui évoque le règne du roi Mahabali :

ādhikaḷ vyādhikaḷ onnumilla
bāla-maraṇaṅgaḷ kēḷkkānilla
kaḷḷavumilla catiyumilla
eḷḷōḷamilla poḷivacanam
kaḷḷapparayum ceru nāzhiyum
kaḷḷattaraṅgaḷ mattonnumilla

Lorsque Mahabali, notre roi, régnait sur le pays, il n'y avait ni peur ni maladie. Les enfants ne mouraient jamais. Il n'y avait pas de mensonges, il n'y avait ni vol ni tromperie, et personne ne mentait. Les mesures et les poids étaient justes, personne ne trompait son prochain ou ne lui faisait du tort.

Mahabali était un dirigeant honnête et dharmique qui aimait et respectait tous ses sujets. Pendant son règne, les richesses étaient réparties équitablement, les gens étaient bien soignés et la société n'était pas corrompue.

On pourrait dire : « C'est très bien tout ça. C'est un joli tableau, mais en quoi cela nous concerne-t-il ? Quelle influence a-t-on sur l'état de la société ? C'est un message qui s'adresse aux dirigeants, pas aux gens ordinaires comme nous ! »

---

[7] Fête traditionnelle du Kerala célébrant la récolte et le retour légendaire du roi Mahabali.

Mais en réalité, chacun d'entre nous est responsable de quelque chose. Si on ne dirige pas un pays ou une grande institution, on est peut-être leader au travail, avec ses amis ou à la maison. Avant tout, chacun d'entre nous est le responsable de sa vie et nos actions ont un impact sur ceux qui nous entourent. L'exemple du leadership de Mahabali est une source d'inspiration pour nous aider à mener une vie vertueuse pour le bien-être de tous les membres de la société.

Amma dit : « Tout ce que nous faisons, consciemment ou inconsciemment, seul ou en groupe, se répercute dans chaque recoin de l'univers. Cela ne marchera pas si nous attendons que les autres changent. Même s'ils ne changent pas, soyons prêts à changer. Concentrons-nous sur ce qui est en notre pouvoir. »

Les efforts entrepris pour construire une société juste, honnête et bienveillante, à l'image de celle de Mahabali, doivent commencer au niveau individuel. Chacun d'entre nous peut s'efforcer d'incarner les qualités de Mahabali dans son quotidien, des valeurs telles que la vérité, l'intégrité et la bonté. On croit peut-être que c'est déjà le cas, mais si on examine attentivement nos pensées et nos actions, on s'aperçoit qu'il nous reste encore beaucoup de progrès à faire.

Par exemple, je considère que je dis toujours la vérité, mais je me souviens encore très bien de la façon dont je me suis étonnée moi-même il y a quelques années. J'avais commis une erreur d'inattention, mais je ne m'en étais pas aperçue. Quelqu'un m'a fait remarquer mon erreur et m'a demandé : « Quelqu'un m'a dit que tu avais fait une erreur. Est-ce vrai que tu as fait telle ou telle chose ? » Je savais que c'était de ma faute, mais sans prendre le temps de réfléchir, j'ai dit : « Oh non, ce n'est pas moi. Il y a erreur, ce doit être quelqu'un d'autre. »

Être un guerrier

J'ai quitté cette personne et j'ai été tout de suite choquée par mon propre comportement. Le choc s'est rapidement transformé en culpabilité. J'ai immédiatement envoyé un message à la personne concernée en m'excusant et en admettant que c'était bien moi qui avais commis cette erreur.

Ma conduite dans cette histoire révèle quelque chose sur la nature du mental : il y a un fossé entre les valeurs qu'on défend et notre capacité à les appliquer dans la pratique. Si j'avais pris le temps de réfléchir et de préparer ma réponse, j'aurais probablement dit la vérité. Mais sur le moment, mon réflexe spontané a été de mentir. Pourquoi ? Pour préserver mon image, pour éviter les ennuis et pour éviter d'être gênée.

C'est à cause des imperfections de notre nature humaine, par exemple notre tendance à tricher, à être orgueilleux, impulsif, etc., qu'on doit avoir un enseignement spirituel. S'il était naturel pour nous de dire la vérité, les Upanishads n'auraient pas besoin de dire : *satyaṁ vada*, dis la vérité. Si nous étions naturellement bons envers les autres et soucieux de leur bien-être, les Écritures n'auraient pas besoin de dire : *dharmaṁ cara*, suis le dharma.

Au lieu de regarder ce qui se passe autour de nous et de nous plaindre du déclin des valeurs de la société, on peut regarder à l'intérieur de nous et voir comment on peut mieux mettre en pratique ces principes dans nos pensées, nos paroles et nos actes.

Amma dit : « Au lieu de pointer du doigt les autres, nous devrions essayer de regarder nos propres faiblesses. Si nous parvenons à rendre notre propre mental clair et lumineux, le monde suivra bientôt notre exemple. Allumons la lampe de la vie nouvelle, la lumière de la bonté, la lumière de la connaissance qui dissipe les ténèbres de l'ignorance. On peut se demander : comment l'obscurité peut-elle disparaître juste avec une petite lampe ? Si chacun d'entre nous allume une petite lampe, la force de la lumière se multipliera et tout s'illuminera. »

Amma nous donne des instructions pratiques sur la manière de procéder : « Chaque soir, demandons-nous : qu'est-ce que j'ai fait de bien aujourd'hui ? Ai-je blessé quelqu'un ? Me suis-je mis en colère contre quelqu'un ? Si on a passé du temps à aider les autres, on doit se dire : comment puis-je en faire davantage demain ? Comment puis-je parler encore plus gentiment demain ? »

En nous souvenant de la beauté de la société sous le règne de Mahabali, essayons de faire de notre vie un modèle d'honnêteté, de bonté, d'intégrité et d'équité.

La gratitude nous ouvre les portes du divin

Les maîtres spirituels, les mahatmas et les Écritures nous disent que Dieu est omniprésent. Amma nous répète sans cesse que le divin nous entoure en permanence et pourtant, on n'arrive pas à le ressentir. En fait, on a parfois l'impression que le sacré est très lointain et très éloigné de notre vie quotidienne. En un sens, on est comme le poisson qui se plaint de la soif tout en nageant dans une rivière d'eau douce.

Un jour, quand j'étais à l'université, je parlais avec une amie qui travaillait au bureau administratif. Pendant qu'on parlait, on lui a demandé de transmettre un message urgent à une étudiante. Il était 22 heures, mais apparemment le message ne pouvait pas attendre le lendemain. J'ai proposé de lui tenir compagnie. En arrivant dans le couloir où habitait l'étudiante, on était heureuses de voir que sa lumière était allumée. Mon amie a frappé à la porte et a dit : « Excusez-moi, désolée de vous déranger. »

La personne a répondu : « Qu'est-ce qu'il y a ? » Il s'agissait d'une étudiante espagnole en échange universitaire.

« Je viens du bureau de l'université et j'ai un message urgent à vous transmettre. Je vous en prie, ouvrez la porte. »

Pas de réponse. Pensant qu'il y avait peut-être un problème de langue, mon amie a essayé de dire la même chose avec ses deux mots d'espagnol.

La voix derrière la porte fermée dit : « Ce n'est pas le moment pour moi, il est 22 heures ! »

« S'il vous plaît, je travaille au bureau et c'est urgent ! »

L'étudiante a répondu : « Non, non, non. Le bureau est fermé, non ? Je vais me coucher et je suis en pyjama. S'il y a vraiment un message pour moi au bureau, je peux aller le chercher demain matin. »

Mon amie commençait à s'énerver un peu : « S'il vous plaît, mettez-y de la bonne volonté. Je vous jure que c'est le bureau qui m'envoie. Pas de problème si vous êtes en pyjama, mais je vous en prie, ouvrez la porte ! »

Entre-temps, quelques étudiants des chambres d'à côté avaient entendu le vacarme et étaient venus voir ce qui se passait. Ils étaient tous amusés par cette conversation inhabituelle à travers la porte fermée. Finalement, l'étudiante espagnole s'est décidée à ouvrir la porte. Dès qu'elle a vu mon amie avec son badge officiel, elle s'est exclamée : « Je suis désolée, je suis vraiment désolée... Je pensais que c'était des étudiants qui me faisaient une farce ! »

En fin de compte, on a tous vu le côté amusant de la situation et on en a bien ri ensemble.

En repensant à cet incident, je me suis dit que c'est ce qui se passe dans la vie quand on continue à ne pas reconnaître l'appel de Dieu. Le divin est tout autour de nous, constamment, dans chaque personne qu'on rencontre, dans chaque situation qu'on vit. Dieu frappe à la porte de notre cœur à chaque instant. Malheureusement, on n'est pas capable d'entendre l'appel, ou on le comprend mal. On a tendance à garder la porte de notre cœur bien fermée. On a construit la forteresse de notre ego, et on se sent en sécurité, confiné entre ses murs étroits. Notre sentiment de confort dans l'obscurité de notre égocentrisme nous empêche d'ouvrir la porte et de laisser entrer la lumière du divin.

Être un guerrier

Cela explique pourquoi on est incapable de faire l'expérience de Dieu qui est la substance même de cette création : *sarvam āvṛitya tiṣṭhati*, Il imprègne tout dans l'univers[8].

Amma dit : « Nous sommes complètement entourés de Dieu. Tout ce que nous expérimentons dans la vie est en fait Dieu. Le monde n'est rien d'autre que le vêtement de Dieu. » Comment faire en sorte de l'expérimenter ? Comment ouvrir la porte de notre cœur à la lumière de Dieu ?

Il y a une chose très simple pour nous aider à ouvrir notre cœur et à nous mettre à l'écoute du divin : développer le sens de la gratitude. Amma ne cesse de répéter : « Le sentiment de gratitude envers tout, envers tous, voilà l'attitude que nous devrions essayer de cultiver. »

Ce n'est pas toujours facile d'adopter cette attitude dans la société actuelle. La gratitude consiste à apprécier ce qu'on a maintenant, alors que les médias sociaux ne cessent d'attirer notre attention sur le décalage entre ce qu'on a et ce qu'on « devrait » désirer posséder. Il peut s'agir de la voiture qu'on conduit, de sorties et de vacances, de marques de vêtements, etc. Les publicités tentent constamment de nous convaincre qu'on rate quelque chose si on ne se procure pas tel ou tel produit.

Souvent, on ne se rend compte à quel point on apprécie quelque chose que lorsque cette chose nous est retirée. Imaginons qu'on se réveille un matin avec une douleur ou un problème quelconque. Cela nous gêne et on se dit toute la journée : « Si seulement cette douleur disparaissait, si seulement ce problème était résolu, tout irait bien. » Et quand la douleur disparaît enfin, on se sent vraiment reconnaissant. Malheureusement, cette gratitude ne dure généralement pas très longtemps. Elle peut durer quelques heures, un jour deux tout au plus, puis elle s'estompe. Presque inévitablement, on retombe dans notre état

---

[8] Bhagavad Gita 13.14.

habituel qui consiste à considérer les choses comme un dû. En réalité, il y a beaucoup de raisons d'être reconnaissant : un corps en bonne santé, un collègue bienveillant, un toit sur la tête, un ami en qui on a confiance ou le chant d'un oiseau qui passe devant notre fenêtre.

La gratitude a ceci de particulier qu'il est impossible d'être à la fois reconnaissant et déprimé. Quand on se sent reconnaissant, on a une vision positive des choses. Plus on ressent de la gratitude, moins il y a de place pour les pensées négatives.

Quand nos pensées et émotions négatives se dissipent, on devient ouvert et réceptif. On devient capable de remarquer les petits signes du divin dans notre vie. On est capable d'entendre quand on frappe à la porte de notre cœur.

śūram kṛtajñam dṛḍha-sauhṛdam ca lakṣmīḥ svayam yāti nivāsahetoḥ

La déesse Lakshmi[9] vient d'elle-même demeurer en celui qui est brave, qui a constamment de la gratitude et dont le cœur est doux.

---

[9] Forme de la Mère divine, déesse de la fortune.

Le sentiment maternel : un outil magique

Les Upanishads, le cadeau de l'Inde à l'humanité, contiennent des phrases puissantes *(mahāvākyas)* qui révèlent le but suprême de la vie : *prajñānaṁ brahma*, la conscience est brahman (divine) ; *ayam ātmā brahma*, cet *ātmā* (le Soi) est brahman (divin) ; *tat tvam asi*, tu es cela ; *ahaṁ brahmāsmi*, je suis brahman (divin)
Dit simplement avec les mots d'Amma : « La création et le créateur ne sont pas deux. Ce même Soi qui est en moi est en vous et dans tous les êtres de l'univers. La réalisation de cette vérité est le but ultime de la vie. » Dans le bhajan « Ōmkāra Divya Pōruḷe », Amma chante :

ennile ñān āṇu nīyum... pinne
ninnile nīyāṇu ñānum
kaṇṇu kāṇāykayāl bhinnamāy tōnnunnu
bhinnum ullennāl-itōnnum

Tu es le « je » en moi et je suis le « tu » en toi.
L'ignorance aveugle crée le sentiment de différence ; en vérité rien n'est séparé.

Chaque instant de la vie d'Amma nous rappelle ce but. Cependant, dans l'état où l'on est aujourd'hui, ça semble être un pas de géant. Comment peut-on tout à coup se mettre à reconnaître les autres comme soi-même ? La plupart d'entre nous vivent dans l'ignorance, dans un état où l'on croit que nos univers tournent autour du « moi » et du « mien ». À partir de là, comment faire pour parvenir à cette vision élargie où l'on considère que tout est son propre Soi ?

C'est là qu'Amma nous offre un outil de premier choix. C'est un outil magique qui nous aide à élargir notre vision et à briser les murs étroits qu'on a bâtis autour de nous. Cet outil puissant, c'est le sentiment maternel. Amma dit que le « sentiment maternel universel » est un trésor qui se trouve en chacun de nous, homme ou femme. Elle parle des qualités telles que l'amour, la compassion et la patience latentes en nous.

Amma en a parlé un soir lors d'une session de bhajans. Elle a expliqué que pendant les bhajans, quand on chante et prie pour la « victoire » de la Mère divine, on prie pour que le sentiment maternel soit victorieux, pour que l'amour et la patience qui sont en nous triomphent de l'égoïsme et de l'intolérance. Amma a dit que si on développe ce sentiment maternel, on sera automatiquement capable de pardonner aux autres et d'oublier leurs défauts et leurs erreurs.

On connaît tous des personnes qui nous irritent parfois un peu pour diverses raisons. Cela peut venir des jugements qu'on porte sur leur personnalité, de leurs actions ou de leur comportement ou encore d'une expérience douloureuse qu'on a vécue avec eux dans le passé. Cela peut se produire n'importe où, à la maison, au travail, dans notre cercle social ou familial. Amma dit : « Tout comme il y a des personnes pour qui nous ressentons de l'amour, il y en a d'autres que nous n'aimons pas sans raison particulière. »

Il y a quelques années, il y avait une personne que je n'aimais pas particulièrement. Elle m'agaçait et, en plus, je me sentais agacée de me sentir agacée ! Je voulais suivre l'idéal qu'Amma nous donne, à savoir être aimante avec tout le monde. Mais j'avais beau essayer, je n'arrivais pas à ressentir de l'amour pour cette personne précise.

Être un guerrier

Un jour, on lui a diagnostiqué un petit problème de santé et le médecin lui a conseillé de manger du kanji de ragi (bouillie de millet noir). À l'époque, je travaillais à la cuisine et on m'a demandé de lui en préparer pour son dîner. Chaque jour, je le préparais et je le mettais dans un récipient fermé pour qu'elle puisse le récupérer.

Au bout de quelques jours, j'ai remarqué qu'un changement s'était opéré en moi. Sans aucun effort, je commençais à ressentir de l'amour pour cette personne. Rien n'avait changé dans son attitude ni dans son caractère, ni même dans son comportement à mon égard. Alors, qu'est-ce qui avait changé ? J'ai réalisé que cuisiner pour cette personne avait éveillé en moi une attitude maternelle. J'ai donc naturellement commencé à ressentir de l'amour et de la patience à son égard.

J'étais très soulagée. C'est beaucoup plus agréable de se sentir ouvert et patient envers quelqu'un que négatif et critique. Cet incident m'a ouvert les yeux. Il m'a rappelé le discours d'Amma, prononcé lors d'une conférence internationale à Genève en 2002 : « Toute personne, femme ou homme qui a le courage de surmonter les limites du mental peut atteindre l'état de mère universelle », a déclaré Amma. « Ce sentiment maternel est un amour et une compassion que l'on ne ressent pas seulement envers ses propres enfants, mais envers toutes les personnes, les animaux et les plantes, les pierres et les rivières ; un amour qui touche toute la nature, tous les êtres. »

Amma est l'exemple ultime de l'état de mère universelle, ici même sous nos yeux. Lorsqu'elle a remis à Amma le prix Gandhi-King en 2002, la célèbre primatologue et anthropologue Jane Goodall a déclaré : « Amma est l'amour de Dieu dans un corps humain. » En effet, Amma est un torrent d'amour qui traverse le monde et franchit toutes les frontières. Le fait qu'Amma incarne toutes les qualités d'une figure maternelle est porteur d'un message important pour l'humanité : en cette époque d'individualisme, d'égoïsme et d'intolérance, la voie à suivre, c'est celle de l'amour d'une mère qui pardonne et étreint tout.

Le but d'Amma est de soulager nos peines et de nous rendre heureux, mais aussi de nous inspirer pour qu'on devienne des instruments de l'amour. Lorsque le sentiment maternel nous habite, nous sommes les premiers à en bénéficier. Ce n'est que quand notre cœur est inondé de la lumière de l'amour qu'on se rend compte à quel point l'égoïsme obscurcit notre regard. Essayer de développer l'amour envers tous les êtres est un moyen sûr de parvenir à être heureux nous-mêmes.

Si on le met en pratique, on s'aperçoit que c'est magique. Dès qu'une pensée négative à l'égard de quelqu'un monte en nous, on peut essayer d'imaginer que cette personne est notre enfant ou un proche parent. On peut essayer avec son collègue ou son voisin et lui adresser quelques mots gentils accompagnés d'un sourire. On peut essayer de les considérer comme notre famille. Cette attitude nettoie instantanément toute la négativité de notre mental. Si on essaie constamment de le nettoyer grâce à ce *bhāvana*, cette forme d'imagination, notre mental deviendra progressivement réceptif à la lumière et au contentement.

> *mātā yathā svīyaṁ putram āyuṣā ekaputram anurakṣati evam api sarvabhūteṣu mānasaṁ bhāvayet aparimitam*
>
> De même qu'une mère, au péril de sa vie, aime et protège son enfant, seulement son enfant, il faut cultiver cet amour sans limite envers tous les êtres vivants de l'univers tout entier.

3

Soyez un ami pour vous-même

Dans la Bhagavad Gita, le Seigneur Krishna nous dit qu'on est à la fois notre meilleur ami et notre pire ennemi. On est le seul compagnon qui nous accompagnera tout au long de notre vie. Tout comme on fait attention au type d'amis dont on s'entoure, on doit aussi faire attention au type d'ami qu'on est pour soi-même. Amma nous dit que si on devient un bon ami pour nous-même, notre chemin sera parsemé de fleurs.

Mendier l'amour

Amma dit : « Même si on utilise des mots magnifiques et fleuris pour parler de l'amour, quelque part au fond d'eux-mêmes, la plupart des gens croient en fait qu'aimer, c'est prendre. En réalité, aimer c'est donner. La condition indispensable pour grandir et aider les autres à grandir, c'est de donner de l'amour. Si cette volonté de donner est absente, le soi-disant « amour » sera source de souffrance pour les deux partenaires. Ne nous demandons pas si l'autre est un bon ami pour nous, mais demandons-nous plutôt : suis-je un bon ami pour les autres ? »

Un jour, on m'a demandé de donner une conférence. Je me sentais stressée car je ne savais pas si je serais à la hauteur. Dans l'espoir d'obtenir des conseils et un soutien moral, j'ai décidé d'en parler à une amie. J'étais sur le point de l'appeler quand j'ai réalisé qu'elle était peut-être occupée, alors je lui ai envoyé un message : « Je peux t'appeler maintenant ? ». Toujours pas de réponse au bout d'une demi-heure. J'ai donc envoyé un deuxième message : « Ce n'est pas très urgent, mais quand tu auras le temps, tu pourras m'appeler ? »

J'ai continué ma journée. Chaque fois que le téléphone sonnait, j'espérais que ce serait elle. À la fin de la journée, je me suis sentie un peu triste et je me suis dit : « Elle n'en a rien à faire, c'est évident. Même si elle a eu une journée chargée, elle aurait pu prendre deux secondes pour m'envoyer un SMS et me dire qu'elle ne pouvait pas m'appeler. Elle a dû lire mes messages et les a tout simplement oubliés. »

Le soir, je l'ai aperçue de loin et nous nous sommes fait coucou.

Soyez un ami pour vous-même

Quelques minutes plus tard, une notification s'est affichée sur mon téléphone : « J'ai vu tes messages, je suis désolée, j'ai eu une journée chargée... »

Mon mental s'est remis à ruminer : « C'est la première fois que je lui demande de m'appeler comme ça. Ça montre bien que c'est quelque chose d'important pour moi. C'est juste que ça ne l'intéressait pas assez pour qu'elle s'en souvienne. »

Un combat a commencé à faire rage dans mon mental. Amma dit souvent que la vie spirituelle ressemble à un champ de bataille, un champ de bataille dans le mental. D'un côté, il y avait une partie de moi qui voulait progresser spirituellement, qui voulait devenir un meilleur être humain. Elle disait : « Allez, un peu de maturité. Prends ça comme un test pour toi. Si tu dépends des autres comme aujourd'hui, tu vas souffrir c'est garanti. Pourquoi est-ce que tu tiens tant à l'amour et à l'attention des autres ? C'est une honte ! Tu es censée être une chercheuse spirituelle. C'est ta mission dans la vie ! Pourquoi te laisses-tu affecter par si peu ? »

De l'autre côté, une partie de moi était comme un enfant capricieux : « Non, ce n'est pas juste ! Je ne veux pas laisser passer ça. Je suis toujours là pour elle quand elle en a besoin. Elle doit se rendre compte qu'elle n'est pas une bonne amie là ! »

Cette bataille intérieure faisait rage et je me sentais perdue. Je savais quelle attitude adopter, mais je n'arrivais pas à le faire concrètement ni à stopper mes pensées négatives. J'ai essayé de me rappeler différents enseignements spirituels, mais rien ne marchait. Le sentiment d'avoir été blessée ne passait pas. C'est alors qu'un passage du Ramayana, que j'avais lu ce matin-là, m'est revenu à l'esprit.

Dans ce passage, le Seigneur Rama avait aidé Sugriva à récupérer son royaume, et, redevenu roi de Kishkindha, Sugriva se la coulait douce. Pendant ce temps, Rama et Lakshmana vivaient dans les montagnes voisines en attendant la fin de la mousson. Ensuite, ils pourraient partir à la recherche de Sita.

Ces quatre mois ont été très longs pour le Seigneur Rama. Il était constamment consumé par le feu de la séparation d'avec sa Sita bien-aimée. La nuit, il s'allongeait sans pouvoir trouver le sommeil. Il ne pensait qu'à Sita. Il se demandait où elle se trouvait et s'inquiétait pour sa sécurité. Plus les jours passaient, plus Rama avait l'impression que son calvaire ne finirait jamais.

Pendant ce temps, à Kishkindha, Sugriva se laissait aller à la jouissance. Il se vautrait dans les plaisirs sensuels, au milieu de la musique et des danses. Il avait oublié les souffrances de Rama et sa promesse de l'aider. Finalement, après avoir été fermement menacé par Lakshmana, Sugriva est allé voir Rama.

Dès qu'il est arrivé devant Rama, Sugriva s'est prosterné au sol, sa tête touchant les pieds de Rama. Il a demandé pardon pour avoir retardé le début de la mission. Rama l'a relevé avec amour et l'a pris dans ses bras. En posant sa tête contre la poitrine de Rama, Sugriva a compris que l'amour de Rama était le plus précieux des cadeaux qu'il pourrait recevoir.

C'est la scène qui m'est venue à l'esprit : Rama étreignant Sugriva avec énormément d'amour. Rama ne lui en veut pas. Il n'y a absolument pas de : « Tu m'as oublié, tu ne t'intéresses pas à moi, même après tout ce que j'ai fait pour toi. Alors que je m'enfonçais dans un océan de chagrin, tu ne faisais que t'amuser. » Non. Rama n'a que de l'amour, un amour inconditionnel.

Quelle noblesse de caractère ! Une vague d'inspiration m'a envahie. Avec cette image du Seigneur Rama, les mots d'Amma me sont venus à l'esprit : « Ne soyez pas un mendiant d'amour. Efforcez-vous plutôt d'être un donneur d'amour. » Je me suis rendu compte qu'en insistant pour que mon amie s'intéresse à moi, j'étais en fait en train de mendier de l'amour. Ce n'est pas le type de personne que je veux être. Il est beaucoup plus

Soyez un ami pour vous-même

gratifiant de s'efforcer de devenir un donneur d'amour, un généreux donneur d'amour.

Je me suis rendu compte que ma négativité m'avait fait tirer des conclusions hâtives sans connaître la version de mon amie. J'avais oublié toutes les fois où elle m'avait apporté son soutien affectueux. J'ai commencé à me réjouir de cet incident qui m'avait montré mon égoïsme et m'avait incitée à en sortir. J'avais reçu une précieuse leçon.

Amma dit : « L'amour est la seule richesse qui rend une personne plus heureuse de donner que de recevoir. C'est la richesse que nous possédons mais que nous ne voyons pas. Éveillons donc l'amour que nous portons en nous. Laissons-le s'exprimer dans le monde à travers toutes nos actions, nos paroles et nos gestes. Ne limitons pas l'amour aux murs de la religion, de la foi ou de la caste. Permettons-lui de circuler librement partout. Que nos cœurs s'étreignent mutuellement, qu'ils éveillent et partagent l'amour suprême qui est en nous. Que l'amour embrasse tous les êtres et circule. Nos vies seront alors bénies. »

Garder le contrôle de la télécommande

Un jour, je préparais une conférence en malayalam. Cela me demande beaucoup de temps et d'efforts, car ce n'est pas ma langue maternelle. Je ne sais pas pourquoi, mais c'est en faisant les cent pas que je réussis le mieux à m'exercer. En général, j'aime aller sur la terrasse d'un bâtiment relativement calme pour marcher et réciter mon texte à voix haute. Les gens peuvent me trouver un peu bizarre quand je marche de long en large en parlant toute seule, mais en fait, je travaille mon malayalam.

Ce matin-là, alors que je faisais les cent pas, une jeune dévote d'un autre pays faisait du yoga sur la terrasse. Au bout d'un moment, le soleil tapait trop fort à l'endroit où j'étais, je suis alors allée du côté qui était encore à l'ombre. Je me suis retrouvée assez près de la jeune yogini. Au bout d'une dizaine de minutes, j'ai entendu un : « Excusez-moi ! ». Je me suis retournée et j'ai vu que c'était elle qui me parlait. Elle a continué : « Pourriez-vous marcher de l'autre côté ? »

Mon monologue en malayalam avait dû la gêner. Je me suis immédiatement sentie irritée et j'ai dit : « Non, il fait trop chaud de l'autre côté. C'est bon... Je m'en vais. » Je suis repartie vers ma chambre en râlant tandis que la jeune femme continuait tranquillement de faire son yoga. Moi, en revanche, je me suis sentie très irritée. Immédiatement, des pensées se sont mises à défiler dans ma tête : « Où est le respect ? Elle est plus jeune que moi et elle est juste de passage ici. Elle a le toupet de me demander d'aller ailleurs ! Et en plus, je parlais tout bas. »

Soyez un ami pour vous-même

À ce moment-là, je me suis surprise. J'ai observé mon flot de pensées et j'ai réalisé que j'avais le choix entre deux options : je pouvais continuer à me plaindre intérieurement et nourrir ma contrariété. Ou bien je pouvais profiter de cette situation pour travailler l'équanimité et continuer ma journée avec un état d'esprit positif.

J'ai choisi la deuxième option. J'ai retrouvé mon calme mental et en plus, j'ai bien ri en voyant à quelle vitesse ma tranquillité d'esprit avait été perturbée. Tout aussi important, j'ai compris que j'avais maintenant une anecdote en or pour illustrer l'un des grands principes de la vie spirituelle : le *samatvam* (l'équanimité, l'égalité d'humeur).

C'est un principe dont Krishna parle à plusieurs reprises dans la Bhagavad Gita. Par exemple, dans le deuxième chapitre, voici ce qu'il dit à propos des caractéristiques du *jñānī* (sage) :

> *yaḥ sarvatrānabhisnehaḥ tat tat prāpya śubhāśubham*
> *nābhinandati na dveṣṭi*
>
> Le *jñānī* reste détaché en toutes circonstances et n'est ni ravi par la bonne fortune ni abattu par la souffrance[10].

Le *jñānī* reste stable, quels que soient les défis qui se présentent à lui. Il ne grimpe pas au ciel en cas de succès, pas plus qu'il ne sombre dans les profondeurs en cas d'échec.

Dans la Bhagavad Gita, chaque fois que Krishna parle des qualités d'un *sthita-prajña* (celui dont la sagesse est constante), il ne le fait pas pour les *jñānīs* ou pour ceux qui ont déjà la connaissance du Soi. Le Seigneur Krishna explique plutôt ces qualités à l'intention des *ajñānīs* (ignorants) comme nous. Il faut considérer les caractéristiques des *jñānīs* comme des *sādhanas*

---

[10] Bhagavad Gita 2.57.

(pratiques spirituelles). Ce sont des idéaux, qu'on doit pratiquer et qu'on doit s'efforcer d'atteindre.

Il est évident que les personnes engagées dans des pratiques spirituelles telles que la méditation, ont besoin de stabilité mentale pour pouvoir se concentrer. Mais si on y réfléchit, on se rend compte que cette faculté de rester imperturbable face aux situations extérieures est très précieuse dans tous les domaines.

Par exemple, la réussite de l'étudiant dépend de sa capacité à s'appliquer et à se concentrer, car un mental perturbé par l'extérieur aura du mal à se concentrer. Il en va de même pour une personne qui, par exemple, apprend à exercer un nouveau métier ou à jouer d'un instrument. Avec un mental calme, la concentration viendra naturellement et on sera plus efficace dans tout ce qu'on fait. On sera également plus présent dans nos interactions avec les autres.

Amma nous donne une image très simple pour expliquer *samatvam* : « Laisser les gens et l'extérieur perturber votre paix mentale, c'est comme leur donner la télécommande de votre mental. » Le principal outil à notre disposition pour améliorer l'équilibre du mental, c'est de développer la force mentale nécessaire pour garder cette télécommande en main.

Malheureusement, on utilise rarement cet outil, préférant laisser les gens et les situations déterminer notre humeur et notre bien-être mental.

Imaginez que vous n'êtes pas en train de lire ce texte, mais que vous me regardez en train de parler à la télévision. La télécommande est dans vos mains. Si ce que je dis vous ennuie, vous pouvez facilement appuyer sur le bouton et changer de chaîne. Dans ce cas, est-ce que vous voudriez donner la télécommande à quelqu'un d'autre et le laisser décider de ce que vous regardez ? Certainement pas. C'est pourtant ce qu'on fait avec la télécommande du mental. Chaque fois qu'on se met en colère, qu'on s'énerve ou qu'on est irrité par ce que dit ou fait quelqu'un, on lui donne la télécommande.

Dans ma petite anecdote de la terrasse, si j'avais continué à être en colère et à sentir que la jeune femme m'avait manqué de respect, c'était comme si je lui avais donné la télécommande de mon mental.

L'équanimité est ainsi le secret de notre bien-être mental et de notre réussite dans de nombreux domaines. Comment la développer ? Amma nous donne un outil simple, un petit truc pour nous aider. Elle nous dit d'essayer de laisser un petit intervalle de temps entre nos pensées et nos actions. Si on ne le fait pas, on risque d'exprimer nos pensées avec des débordements émotionnels. Si on arrive à installer un petit intervalle, on contrôle mieux ses émotions. Ce précieux décalage nous permet de prendre conscience de nos réactions. On peut garder la télécommande en main et choisir la chaîne qu'on préfère.

Changer l'attitude, pas la situation

Amma dit : « Le bonheur ne se trouve pas dans les objets matériels. Si c'était le cas, pourquoi les mêmes objets ne donnent-ils du bonheur à tout le monde ? Par exemple, lorsqu'une personne fume, vous verrez une autre personne s'éloigner de l'endroit en se pinçant le nez. En réalité, notre expérience du bonheur dépend de notre mental. Lorsqu'il devient paisible, on éprouve du bonheur sans aucun problème. »

Il y a plusieurs années, l'endroit où je travaillais était fermé par un portail. Beaucoup d'employés s'en plaignaient. En effet, à chaque fois qu'on entrait ou qu'on sortait, et plusieurs fois par jour, il fallait déverrouiller le portail et le refermer derrière nous. Une personne en particulier avait beaucoup de mal à accepter la règle du « verrouillage de la porte ». C'était lui qui s'en plaignait le plus.

Quelques mois plus tard, un des gonds du portail s'est cassé et c'est devenu bien plus dur de l'ouvrir et de le refermer. Le portail raclait le sol en faisant beaucoup de bruit. Il fallait le soulever de tout son poids pour l'ouvrir et le fermer. Il fallait utiliser ses deux mains. Si on avait quelque chose à la main, on devait trouver un endroit où poser son sac. Il fallait ouvrir le portail, se retourner, prendre son sac et le mettre à l'intérieur. Il fallait ensuite revenir pour fermer la barrière. À ce stade-là, tout le monde se plaignait ! Le pire, c'était quand il pleuvait. Il fallait faire toutes ces manipulations en essayant tant bien que mal de s'abriter sous un parapluie. Heureusement, au bout de quelques

Soyez un ami pour vous-même

semaines, le portail a été réparé. Rapidement, le portail a paru très facile à franchir. C'était un plaisir de l'ouvrir et de le fermer. Même la personne qui se plaignait le plus disait : « C'est aussi facile que d'appuyer sur le bouton d'une porte automatique ! »

Qu'est-ce qui s'est passé ? Le même portail dont on s'était plaint auparavant est devenu une source de joie et de soulagement quelques semaines plus tard. L'objet lui-même n'a pas changé : le portail était exactement le même avant de se casser et après avoir été réparé. Cela nous permet de comprendre une chose importante : le facteur le plus important n'est pas l'objet lui-même, mais la manière dont on l'envisage. Notre bonheur dépend en grande partie de la façon dont on réagit aux situations qui se présentent à nous.

Qu'est-ce qui détermine la façon dont on réagit à une situation ? Le mental. Le mental est un bon serviteur, mais pas un bon maître. Cependant, avec de l'entraînement, on peut devenir le maître et laisser le mental être notre serviteur obéissant. On peut apprendre à se servir du mental et à ne pas laisser le mental se servir de nous.

En général, quand on achète une machine, elle est accompagnée de son mode d'emploi. Mais ici, il s'agit de la machine la plus subtile qui soit, à l'intérieur de nous, et on ne sait pas du tout comment l'utiliser correctement. Au lieu de faire marcher la machine habilement, on la laisse nous faire marcher. Les écoles et les universités restent muettes sur le sujet. Elles ne nous apprennent rien sur l'art de gérer le mental.

Amma dit qu'il y a deux types d'éducation : l'éducation qui apprend à vivre et l'éducation qui apprend à gagner sa vie. La spiritualité est le type d'éducation qui apprend à vivre. Elle nous donne le mode d'emploi de notre propre mental. Elle nous donne la théorie et la formation pratique pour utiliser notre mental de manière constructive. Ainsi, grâce à la spiritualité, on peut apprivoiser et former son mental et en faire un bon outil.

Ce qui faisait la différence entre les Pandavas et les Kauravas, ce n'était pas le talent, la force ou l'intelligence. C'était plutôt leur attitude envers la vie et les gens. La guerre du Mahabharata était une guerre d'attitudes. Duryodhana réagissait négativement à toutes les situations. Il considérait tous les succès de ses cousins comme une menace pour son statut et son prestige. Lorsqu'il est tombé dans l'eau dans le palais des illusions des Pandavas, au lieu de le prendre à la légère, il l'a vécu comme une grave humiliation[11].

Après sa défaite face aux gandharvas[12], Duryodhana, sauvé par les Pandavas en exil, a ressenti une telle honte qu'il a d'abord voulu se suicider. Il était fermé à toute parole de sagesse de la part des anciens du palais, les prenant plutôt comme des critiques personnelles. Il n'était pas ouvert à l'affection sincère que lui portaient les Pandavas.

Les Pandavas, quant à eux, ont gardé une attitude positive. Ils n'ont pas perdu courage lorsque leurs propres cousins ont essayé de les tuer et ils ne se sont pas non plus plaints lorsque Dhritarashtra leur a donné une terre déserte à gouverner. Au contraire, ils ont transformé cette région inculte en un magnifique royaume. Même lorsqu'ils ont été exilés pendant 12 ans, ils ont conservé leur dignité et leur courage. Comme le dit le proverbe sanskrit :

> *udeti savitā tāmrastāmra evāstameti ca sampattau ca vipattau ca mahatām ekarūpatā*

---

[11] Duryodhana, trompé par les illusions du palais des Pandavas, confond un sol en cristal avec de l'eau et tombe dans un bassin.
[12] Êtres célestes.

Soyez un ami pour vous-même

Le soleil est rouge au lever et rouge au coucher. De même, les personnes nobles restent les mêmes dans le bonheur et dans la détresse.

En entendant ce verset, on peut croire que l'équanimité parfaite est hors de portée. Cependant, on peut au moins essayer de cultiver une vision positive de la vie. Que cela soit notre soleil rouge, tant face à la réussite qu'à l'échec. Même si notre mental est affecté par des situations difficiles, on peut s'efforcer de conserver une attitude bienveillante. Si, en revanche, on voit tout à travers les lunettes de la négativité, on perdra toute notre force intérieure. Amma dit : « Prenez une décision ferme : quoi qu'il arrive, je serai heureux. Je serai fort. Dieu est toujours avec moi. »

En examinant régulièrement nos interactions et notre vécu quotidiens, on peut commencer à s'exercer à reconnaître les difficultés auxquelles on est confronté et à remarquer comment on peut modifier notre attitude à leur égard pour être plus constructif. Il n'est pas possible de changer complètement d'attitude du jour au lendemain, mais on peut commencer par de petites choses.

Un soir, je me dirigeais vers ma chambre. À l'époque, je faisais du seva[13] à la cuisine. La journée avait été longue et la perspective de m'allonger pour dormir était très attrayante. Je me suis soudain souvenu que j'avais oublié de faire tremper les haricots pour le petit-déjeuner du lendemain. J'ai soupiré : « Zut ! Il faut que je retourne à la cuisine. Sinon, les haricots mettront plus de temps à cuire et le petit-déjeuner ne sera pas prêt à temps demain. » J'ai fait demi-tour et j'ai commencé à revenir sur mes pas. Pauvre de moi, je devais retarder mon sommeil tant attendu.

---

[13] Service désintéressé.

Cent Pots

Je suis arrivée à la cuisine, j'ai pesé les haricots, je les ai lavés et je les ai mis dans l'eau. En me dirigeant vers ma chambre, je me suis aperçu qu'en me plaignant, je voyais le verre à moitié vide. Avec un petit changement de perspective, je pouvais au contraire voir le même verre à moitié plein. Au lieu de m'apitoyer sur mon sort et de râler, je pouvais me dire que j'avais eu de la chance de me souvenir des haricots. Au lieu de déplorer ma négligence, je pouvais me sentir reconnaissante d'y avoir pensé à temps, ce qui m'avait évité bien des tracas le lendemain matin.

C'est ainsi que, pas à pas, on peut s'entraîner à penser d'une manière constructive face aux mésaventures et aux difficultés qui surviennent dans notre vie quotidienne. Si on parvient à développer cette faculté face aux petites choses, on développera progressivement la force mentale nécessaire pour garder acceptation et équanimité face à des défis plus importants. Si on doit prendre un congé pour s'occuper d'un parent malade, soit on s'inquiète en pensant aux congés qu'on prend et à la perte de revenus, soit on choisit de voir la situation comme une occasion d'être présent pour l'être cher en lui exprimant notre attention et notre gratitude. En faisant cela, en voyant les opportunités même dans les situations difficiles, notre vie devient équilibrée et on se sent satisfait.

Pardonner et oublier

Amma dit : « Nos efforts pour éliminer la haine et l'indifférence du monde commencent par essayer de les éliminer de notre propre mental. »

À l'âge de 12 ans, j'avais entendu parler d'Amma et j'avais lu des articles à son sujet, mais j'ai attendu un an de plus avant de recevoir son darshan. Les quelques photos que j'avais vues d'elle ont pris vie dans mes rêves. Je me souviens encore très bien de l'un de ces rêves avec une fille de mon école. À l'époque, j'étais amie avec plus ou moins tout le monde dans ma classe, mais il y avait une personne que je n'arrivais pas à aimer. Je la jugeais. Dans mon rêve, Amma portait le même sari blanc que sur les photos. Mais il y avait quelque chose de différent : par-dessus le sari, elle portait un manteau gris. Je n'avais jamais vu de photos d'Amma portant un manteau gris, mais d'une certaine manière, cela me semblait familier. Lorsque je me suis réveillée, j'ai immédiatement compris quel manteau Amma portait dans ce rêve : c'était le manteau de la fille de ma classe que je n'aimais pas. J'ai senti qu'Amma me montrait que je devais abandonner mes jugements et essayer d'aimer tout le monde. Le premier pas dans cette direction, c'est d'allumer une flamme à l'intérieur pour mettre en lumière nos rancunes et nos jugements.

Amma raconte l'histoire d'un homme qui se plaignait à son guru : « Il y a tellement de négativités dans mon mental. Je porte la douleur du passé et je n'arrive pas à m'en débarrasser. »

Le guru lui a donné un sac de légumes et lui a dit : « Porte-le toujours sur ton épaule. Même lorsque tu t'allonges pour te reposer, garde-le sur ta poitrine. Continue ainsi jusqu'à ce que je te donne d'autres instructions. »

Le disciple a obéi et portait le sac en permanence. Au bout de quelques jours, les légumes ont commencé à pourrir et à sentir mauvais. Ils pourrissaient de plus en plus et du liquide a commencé à couler sur la poitrine et le dos de l'homme. C'était répugnant et ça lui provoquait des démangeaisons.

Incapable de supporter la douleur et l'inconfort plus longtemps, il s'est précipité vers le guru. Le guru lui a dit de jeter le sac de légumes en ajoutant : « Le fardeau de tes rancunes et de ton ressentiment est douloureux et désagréable dans ton mental. Jette-les comme tu as jeté le sac et tu seras soulagé ! »

En réalité, le pardon n'est pas seulement à accorder à la personne qui nous a fait du tort, on se l'accorde aussi à soi-même. On est le premier à souffrir de nos pensées et de nos émotions négatives. Amma dit : « Quand nous serons capables de pardonner et d'oublier, la paix et le bonheur entreront à coup sûr dans notre vie. » Comment acquérir la maturité et la force nécessaires pour déposer le sac ?

On trouve des exemples de cette force de caractère dans les Puranas[14] et les Itihasas[15]. Les nobles âmes qui y sont dépeintes sont là pour nous servir de modèles. Inutile de dire : « Oh, mais ils étaient de très grands mahatmas, ils étaient des incarnations divines ; je suis un être humain ordinaire. Comment puis-je développer des qualités aussi nobles ? » Non. Si de tels individus sont nés et ont vécu parmi les êtres humains, on doit les voir comme des phares qui éclairent le chemin qu'on doit suivre. On peut y aller pas à pas et faire de son mieux pour s'imprégner un peu de leurs qualités.

---

[14] Textes anciens, contenant de nombreuses histoires hindoues bien connues.

[15] Descriptions écrites d'événements importants (les principaux sont le Ramayana et le Mahabharata).

Soyez un ami pour vous-même

La vie du Seigneur Rama nous montre qu'on a beaucoup à apprendre de chacune de nos relations. Il était un fils parfait, un frère parfait, un ami parfait. Voyons comment il était aussi un soi-disant « ennemi » parfait.

Lors de sa discussion avec Rama à Chitrakoot, Bharata essaie toutes sortes d'arguments pour convaincre son frère de revenir à Ayodhya et d'accepter le trône. Rama reste ancré dans sa décision de tenir la promesse de son père en passant 14 ans dans la forêt. En même temps, il fait de son mieux pour consoler Bharata et lui donne des conseils sur la façon de gouverner le royaume en son absence. Dans ce contexte, Rama n'oublie pas son devoir envers ceux qui le considèrent d'une certaine manière comme leur ennemi. Kaikeyi considère Rama comme un rival de son fils dont il faut se débarrasser en le bannissant. Pourtant, lors de cette conversation, Rama dit à son frère rancunier : « Ta mère a peut-être fait cela pour toi par fantaisie ou par avidité, mais tu ne dois pas lui en vouloir. Tu dois toujours la considérer comme ta mère. »

Voyant l'amertume sur le visage de Bharata à l'évocation de sa mère, Rama a repris : « Elle a mal agi pour de mauvaises raisons, c'est vrai. Mais il serait malvenu de nourrir de la rancune à son égard. Ne t'accroche pas à ton amertume. Ne la laisse pas grandir dans ton mental. Tu dois te comporter envers ta mère comme un fils. » On voit ici la noblesse et l'intégrité du caractère de Rama.

On peut faire une introspection et identifier les pensées négatives qu'on nourrit à l'égard des gens au travail, dans notre voisinage ou dans notre famille. L'étape suivante consiste à réfléchir au poids de ces ressentiments sur notre bien-être. En nous inspirant du Seigneur Rama, essayons d'avoir la force et la générosité de caractère qui nous permettront de poser ce fardeau. Quitte à devoir recommencer encore et encore, on se sentira certainement plus léger à chaque fois qu'on y parviendra.

4

Donner et recevoir

Selon la Bhagavad Gita, l'univers fonctionne sur la base du *yajña*, l'esprit du don. Le soleil offre ses rayons et engendre la formation de nuages ; les nuages s'offrent sous forme de pluie, la pluie s'offre et permet aux plantes de pousser ; les plantes s'offrent aux êtres vivants sous forme de nourriture. Ainsi, tous les êtres offrent leur contribution au macrocosme. Le seul élément dissonant dans ce cycle, c'est l'être humain. On dépend pour notre survie de ce qu'on reçoit mais on donne très peu. On donne à ceux qu'on considère comme les siens, mais on a tendance à être moins généreux au-delà du cercle de sa famille et de ses amis. En vérité, ce n'est qu'en donnant de tout son cœur qu'on peut entrer dans le cycle naturel de la vie et réaliser son plein potentiel en parvenant à une paix et à un contentement qu'on aurait peut-être cru inimaginables auparavant.

La véritable richesse

J'ai de la famille éloignée qui est très riche. Lorsque j'étais enfant, toute notre famille a été invitée à passer quelques jours chez eux. Ils vivaient dans un grand manoir très luxueux. Dans leur grande propriété, il y avait une piscine et un court de tennis. Mes cousins et moi étions très enthousiastes à l'idée de passer quelques jours là-bas, mais nos parents craignaient que nous, les enfants, ne nous comportions pas correctement dans cet environnement. Ils nous ont demandé de faire très attention à tout.

Le manoir était rempli de meubles anciens, mais les greniers avaient été utilisés pour stocker des objets de peu de valeur qui n'étaient plus utilisés. Par conséquent, pour les moments de jeu non surveillés, on nous envoyait là-haut afin d'éviter les problèmes. Cela semblait être l'option la plus sûre. On voulait avoir l'air bien élevé et ne contrarier personne. Mais malgré nos bonnes intentions, on a réussi à causer quelques problèmes. Un jour, alors qu'on jouait aux cartes, le plus jeune de mes cousins s'est assis sur le bord d'une petite table en verre qui s'est fissurée.

Aucun adulte de notre famille ne voulait se charger d'informer le propriétaire. Finalement, ma mère a accepté à contrecœur d'annoncer la mauvaise nouvelle. Elle lui a expliqué ce qui s'était passé et s'est largement excusée pour le dommage. En fait, comparé à l'ensemble de ses richesses matérielles, c'était vraiment dérisoire. À la grande surprise de ma mère, il a été choqué et horrifié par cette dégradation. Cette histoire l'a beaucoup affecté. Même en tant que petite fille, je me souviens

Donner et recevoir

que sa réaction m'a étonnée. Mais, en y réfléchissant bien, on est pareils quand on s'attache et s'identifie excessivement à des objets extérieurs, aussi petits soient-ils.

Amma dit : « Plus notre attachement aux objets extérieurs grandit, plus notre force mentale diminue. On peut penser que notre attachement est minime et insignifiant. Mais en étant de plus en plus attaché à un objet, cet objet devient notre maître. » En y repensant, j'éprouve de la compassion pour cette famille éloignée. On ne peut pas leur en vouloir. Ils étaient tellement préoccupés par leurs richesses et leurs biens qu'ils passaient à côté de la véritable richesse de la vie, celle de l'amour mutuel, du partage et du don.

Laissez-moi vous raconter une autre histoire qui s'est déroulée bien des années plus tard. Mon frère donnait des cours à des enfants dans un camp de réfugiés. Ces enfants avaient été obligés de quitter leur pays, n'avaient pas de maison et avaient souvent perdu des membres de leur famille ou en avaient été séparés. Mon frère allait rentrer chez lui, car c'était son dernier jour de travail. Lorsqu'il est entré dans la salle de classe, il a eu une surprise. La salle était décorée de ballons et il y avait une pile de cartes d'adieu dessinées par les enfants pour lui. Il y avait un véritable festin sur la table ; chaque enfant avait apporté un plat. L'une des grandes filles de la classe avait même préparé deux gâteaux pour l'occasion. Tous les enfants souriaient jusqu'aux oreilles et regardaient mon frère, attendant de voir sa réaction. Les yeux de mon frère se sont remplis de larmes.

Il m'a dit : « Ces enfants ont été obligés de fuir leur pays et on leur a volé une enfance normale. Ils ont traversé beaucoup d'épreuves, ont vu des choses horribles et ont perdu des êtres chers. Pourtant, ils étaient tellement heureux d'organiser cette fête d'adieu incroyable pour moi. Lorsqu'ils m'ont vu pleurer, ils m'ont dit : " Monsieur, ne soyez pas triste " et m'ont redonné à manger. Cela m'a encore plus fait pleurer. L'un des garçons, âgé d'environ neuf ans, s'est alors approché de moi. Il m'a montré l'une des filles les plus âgées et m'a expliqué qu'elle ne mangeait pas alors qu'elle avait passé des heures à préparer les gâteaux. Il m'a donné un morceau de gâteau et m'a demandé d'aller le lui donner et de la convaincre de manger un peu. » Mon frère m'a dit qu'il n'en revenait pas de la considération et de l'attention de ce garçon de neuf ans.

Quel contraste entre ces deux incidents ! Même si ma famille éloignée était très riche, en un sens, ils étaient pauvres. Il leur manquait les valeurs fondamentales qui donnent un véritable sens et une véritable chaleur à la vie. Les enfants réfugiés étaient extrêmement pauvres et n'avaient même pas de maison à eux, mais ils étaient riches de ce qui a le plus de valeur. Ils possédaient les valeurs humaines fondamentales qui font l'unité de la vie.

Amma dit : « Dans la vie, c'est l'égoïsme qui nous empêche le plus de savourer et d'avoir de la joie. On n'est pas capable de s'oublier soi-même et d'aimer les autres. On désire tout pour soi et on s'efforce de tout posséder. Ce n'est qu'en abandonnant cette disposition mentale que la joie nous enrichira.

Abandonnons notre désir de tirer quelque chose des autres et cultivons le désir de donner aux autres. Celui qui a la disposition mentale d'un donneur est un roi. Celui qui ne désire que prendre est un mendiant. »

Il n'y a rien de mal en soi à posséder des richesses, mais il faut se rappeler qu'elles sont à nous pour les partager avec d'autres moins bien lotis. Si on se concentre uniquement sur son enrichissement personnel, on passe à côté de la vraie richesse.

Donner et recevoir

La prière d'Amma résume tout cela : « Que l'arbre de notre vie soit fermement enraciné dans le terreau de l'amour. Que les bonnes actions soient les feuilles de cet arbre. Que les paroles de bonté en soient les fleurs et que la paix en soit le fruit. Grandissons et épanouissons-nous comme une seule famille unie dans l'amour. »

Le cercle du don : partager

Un jour, je me trouvais sur la terrasse de l'immeuble où j'habite. Je marchais de long en large tout en étudiant. Un corbeau est venu se poser à quelques mètres de moi. Il tenait dans son bec un gros morceau d'idli (gâteau de riz cuit à la vapeur qu'on mange souvent au petit-déjeuner en Inde du Sud). Je l'ai regardé manger. Après en avoir mangé la moitié, il a dû se sentir suffisamment rassasié, car il a pris le reste de l'idli dans son bec et a sautillé jusqu'à l'endroit où se trouvait une plante en pot. Il a penché la tête d'un côté puis de l'autre pour s'assurer que personne ne le regardait, je suppose qu'il ne trouvait pas que je représentais une menace, et a commencé à cacher le morceau d'idli dans le pot de la plante. La plante était suffisamment touffue pour que l'idli soit bien caché sous les feuilles, près des racines.

Le corbeau s'est ensuite envolé. En observant son comportement, j'ai pensé à nous, les êtres humains, à notre tendance à accumuler les choses. J'étais curieuse de voir ce que notre corbeau allait faire. Mais avant qu'il ne revienne, la jardinière qui possédait la plante est arrivée. Elle tenait dans une main un seau rempli de bouse de vache et dans l'autre, un seau d'eau. Elle a commencé à mettre de la bouse de vache et de l'eau dans chaque pot. En l'espace de quelques instants, le trésor du morceau d'idli a été enseveli sous une épaisse couche de bouse. Pour couronner le tout, quelques instants plus tard, il a été complètement arrosé. Il a disparu.

Si le corbeau avait appelé un ami et partagé le surplus d'idli, il n'aurait pas été gaspillé. Il nous arrive souvent d'être comme ce corbeau. On est empêtré dans notre égoïsme. Pire encore,

Donner et recevoir

on ne perd pas seulement un morceau d'idli. À cause de notre égoïsme, on perd ce qui donne son sens à notre vie d'être humain.

Amma dit : « Chacun d'entre nous devrait essayer de faire de la place aux autres dans son cœur. Ce sont les cœurs bienveillants qui font progresser la société. Si on a ne serait-ce qu'un peu d'amour et de compassion pour les autres, notre égoïsme commence à s'estomper et il est remplacé par un profond sentiment de satisfaction. »

C'est notre capacité à donner et à partager qui donne de la valeur à cette vie. Si on est avare d'amour et qu'on n'a pas de temps à consacrer aux autres, on est le premier à souffrir. C'est le partage et le don qui font notre joie. C'est la véritable expression de la vie. Comme le dit un proverbe sanskrit :

dānopabhogarahitā divasā yasya yānti vai sa
lohakārabhastreva śvasannapi na jīvati

Qui passe sa journée sans donner ni recevoir respire mais n'a pas vécu, à l'image du soufflet du forgeron.

Une fois, pendant la tournée d'Amma dans le nord de l'Inde, le groupe de plusieurs centaines de personnes qui voyageait avec elle était assis autour d'Amma dans un champ. On avait tous fini de déjeuner. Au bout d'un certain temps, quelqu'un a tendu à Amma un paquet de biscuits. Amma a regardé tout le monde. « Comment puis-je distribuer un paquet de biscuits à 300 personnes ? », demanda-t-elle.

Puis, des sacs à main des familles du groupe, sont sortis un paquet, puis un autre, et encore un autre... Amma a ouvert chaque paquet et a commencé à casser les biscuits en petits morceaux avec ses mains. Elle a rempli ainsi deux ou trois

Cent Pots

assiettes qu'elle a fait passer pour que tout le monde puisse avoir du *prasad*[16].

Après s'être assurée que chacun avait bien reçu un morceau de biscuit, Amma a demandé si quelqu'un avait des blagues, des histoires ou des questions. Une jeune femme a pris la parole. Elle a expliqué qu'en voyant Amma commencer sans biscuit, puis passer à un paquet de biscuits, puis à une quantité suffisante de biscuits pour nourrir tout le monde, elle s'était souvenue des histoires miraculeuses de multiplication de nourriture qu'on trouve dans les contes traditionnels. Elle a dit : « Ça m'amène à m'interroger sur la nature des miracles : est-ce que c'est quelque chose d'impossible qui se produit réellement ou est-ce que c'est ce qui se produit lorsqu'on est collectivement poussé à donner ? »

Amma a merveilleusement bien répondu à cette question : « Vous ne pouvez rien créer qui n'existe pas déjà dans la création. Le plus grand miracle est d'avoir un mental enclin à partager avec les autres. »

On doit se rendre compte qu'il y a deux côtés en nous. Une partie égoïste, comme notre corbeau égoïste, qui veut tout garder pour elle et pour sa famille. Et une partie généreuse, qui veut partager avec les autres. C'est à nous de décider quelle partie on veut développer et nourrir, quelle partie on veut renforcer. Le moindre effort de générosité en vaut la peine, car cela améliore toujours notre bien-être.

---

[16] Offrande ou don béni d'une personne sainte ou d'un temple, souvent sous forme de nourriture.

Donner véritablement

Le *dānam* (don de quelque chose) fait partie intégrante du sanatana dharma. Les Écritures nous fournissent d'innombrables exemples de grands donneurs, mais on peut aussi tirer des leçons de certains des « contre-exemples » qui y sont décrits, comme le *dānam* de Vajashravas, le père de Nachiketas, dans la Katha Upanishad.

Vajashravas a accompli un grand *yajña* (sacrifice rituel) et, dans ce cadre, il a fait don de toute sa richesse. Son *dānam* était motivé par son désir d'obtenir le fruit de ce *yajña*, à savoir atteindre les royaumes supérieurs après la mort et être célèbre sur Terre. Nachiketas, son fils, n'était qu'un petit garçon. Il a cependant remarqué que son père avait mis de côté tous ses biens de valeur pour sa propre famille. Il ne donnait que des choses sans intérêt et détériorées, comme par exemple des vaches qui ne donnaient plus de lait. Nachiketas eut la foi et la perspicacité de le faire remarquer à son père.

Quels étaient les défauts du *dānam* de Vajashravas ? Premièrement, il était animé par un motif égoïste ; il l'accomplissait dans l'espoir de recevoir quelque chose de plus grand en retour. Deuxièmement, il gardait pour lui ce qui avait le plus de valeur et ne donnait que les objets dont il n'avait aucune difficulté à se séparer.

Si on regarde en nous-mêmes, est-ce qu'il n'y a pas des moments où on a ce genre de comportement ? Quand on donne, est-ce que ça ne va pas de pair avec l'espoir d'une reconnaissance ? Au minimum, est-ce qu'on n'attend pas un peu d'amour ou une expression de gratitude en retour ? Par ailleurs, combien d'entre nous sont prêts à donner des choses auxquelles ils tiennent vraiment ?

Donner vraiment, ce n'est pas seulement donner de l'argent ou des objets matériels. Amma dit : « Un mot gentil, un regard aimant, un petit geste d'aide, rien que cela peut rendre notre vie beaucoup plus lumineuse. Ce qui détermine la valeur de notre vie n'est pas ce que nous avons acquis, mais ce que nous avons donné. Si nous donnons ne serait-ce qu'un moment de consolation à une seule personne, notre vie en sera davantage bénie. »

En Europe, je connais un couple depuis très longtemps. Ils sont à la retraite, mais restent tous deux actifs de différentes manières : travaux ménagers, entretien de leur potager et de leur jardin, bénévolat dans leur quartier. Le soir, ils se détendent en faisant des mots croisés dans le journal, en lisant un livre ou en regardant la télévision. Une fois, lors d'un séjour chez eux, dès qu'on avait fini de manger, le mari a mis son écharpe en laine et son manteau. Il faisait noir dehors, il fait nuit très tôt en hiver en Angleterre et la soirée n'avait rien de réjouissant. Il est sorti dans le froid en lançant un « à plus tard ! »

J'ai demandé à sa femme où il était allé. Elle m'a expliqué : « On a une voisine. Son mari est actuellement à l'hôpital. Il a eu une attaque et il est très mal en point. Elle ne conduit pas. Tous les matins, elle prend donc le bus pour aller en ville et passer la journée à l'hôpital avec son mari. Mais il n'y a pas de bus le soir, alors on se relaie pour aller la chercher. »

Je lui ai demandé à quelle distance se trouvait l'hôpital et elle m'a répondu que c'était à environ une demi-heure de route. Le trajet aller-retour prenait une heure entière, tous les soirs.

J'ai dit : « Mais ce n'est pas un peu trop ? Ça n'empiète pas sur votre temps de détente le soir ? »

Donner et recevoir

Elle a répondu : « Oui, un peu, mais on est d'accord tous les deux : si on ne l'aide pas, qui le fera ? Alors, on le fait. Et, tu sais, en fin de compte, on est heureux de le faire. C'est bon d'être utile. On est vraiment désolés pour elle. Elle n'a pas beaucoup d'argent et sa vie a été chamboulée. »

Cela m'a semblé être un bon exemple de *dānam*. Vajashravas n'avait donné que ce qui ne lui était plus utile et il l'avait fait en espérant en retirer des bénéfices particuliers pour lui-même. Mes amis, en revanche, donnaient quelque chose qui avait une réelle valeur pour eux, leur soirée bien agréable. Et ils le faisaient sans attendre de récompense.

Amma dit : « L'attitude de celui qui donne est de la plus haute importance. Lorsqu'un homme riche fait un don pour gagner en notoriété ou avec un autre motif égoïste à l'esprit, son don se dévalue pour ne devenir qu'une simple transaction commerciale. Mais lorsqu'on donne, en se voyant soi-même dans les autres, à ses propres frais et sans rien attendre en retour, les résultats de ce don seront vraiment formidables. »

Dans la Brihadaranyaka Upanishad, il est dit :

tad-etat-trayam śikṣed damaṁ dānaṁ dayām iti

Apprenez ces trois vertus : la maîtrise de soi, le don de soi et la compassion pour toute vie[17].

C'est inutile de se décourager en pensant qu'on est loin de l'idéal du vrai *dānam*. Mais on peut essayer de faire un travail d'introspection et de prendre conscience de sa situation. On peut trouver comment s'améliorer, comment essayer de donner aux autres de manière authentique : donner généreusement ce qui nous est cher et essayer de ne rien attendre en retour. Récemment, une petite fille de l'ashram a raconté à Amma comment elle avait pu

---

[17] Brihadaranyaka Upanishad 5.2.3.

offrir son jouet préféré, un lapin en peluche, à son amie pour son anniversaire. Si cette petite fille peut faire de petits pas dans la bonne direction, on peut certainement essayer aussi.

S'épanouir en donnant

On est nombreux à ne pas vouloir se séparer de ce à quoi l'on tient. On peut au moins essayer d'en être conscient et faire un effort pour changer. En même temps, même nos dons imparfaits ont une grande valeur. Ils donnent à notre vie un profond sentiment d'accomplissement. Amma dit : « Plus vous donnez, plus vous aurez, comme une source inépuisable qui se déverse dans le puits lorsque vous tirez de l'eau. »

Une amie de l'ashram m'a raconté l'histoire de sa vie : « J'ai été élevée en Amérique. J'étais très sportive quand j'étais enfant et adolescente. Comme je suis grande, j'étais douée pour le basket-ball. Après avoir obtenu mon diplôme universitaire, j'ai fait un voyage avec des amis. Nous avons eu un grave accident de voiture. La voiture a fait trois tonneaux. Je me suis retrouvée coincée à l'intérieur d'une voiture qui s'était aplatie comme une crêpe.

« Je m'étais cassé la colonne vertébrale en deux endroits et d'autres os aussi. J'étais semi-paralysée et j'ai dû subir une intervention chirurgicale de sept heures. Mon cou était maintenu par deux mètres de fil de titane et un os prélevé sur ma hanche. L'opération a réussi. J'ai ensuite entamé 16 mois de rééducation à temps plein. J'étais dans une sorte de plâtre intégral 24 heures sur 24 et je souffrais constamment.

« Mon monde entier a été bouleversé du jour au lendemain. En tant qu'athlète, j'avais toujours poussé mon corps pour qu'il fonctionne comme je le voulais. Maintenant, je ne pouvais pas me lever d'une chaise sans l'aide de quelqu'un. Je me suis sentie complètement trahie par mon corps. Je me suis également sentie coupée de tous ceux qui m'entouraient. Mes amis me rendaient visite, mais ils ne pouvaient pas me regarder dans les yeux. J'ai vu que mes parents avaient beau m'aimer, ils étaient complètement impuissants. Ils ne pouvaient pas atténuer ma douleur.

« Des questions ont surgi du plus profond de moi-même, des questions que je ne m'étais jamais posées auparavant : quel est le sens de la vie ? Qu'est-ce que je veux rendre au monde ? La plupart du temps, je me perdais dans la dépression et l'apitoiement sur mon sort.

« Un jour, la coach sportive de l'école que je fréquentais m'a appelée. Elle m'a demandé si je voulais bien entraîner l'équipe de filles de basket-ball. Au début, j'ai cru qu'elle plaisantait. Je pouvais à peine tourner la tête, comment serais-je capable d'enseigner le basket-ball ? Mais elle n'en démordait pas.

« On m'a conduit à l'école et on m'a fait asseoir à côté du terrain de basket. Je ne pouvais pas montrer les mouvements aux filles. Elles se rassemblaient autour de moi et je les guidais en leur expliquant ce qu'il fallait faire. L'enthousiasme de leur jeunesse a ramené une lueur d'espoir dans ma vie. J'avais désormais une raison de me lever le matin ; j'avais un talent que je pouvais transmettre aux autres. Je me suis rendu compte que c'était bien plus gratifiant d'avoir ce talent que de jouer moi-même au basket-ball. Ça a été une grande leçon pour moi. La dépression et l'apitoiement ont fait place à la joie et à l'épanouissement, même si je pouvais à peine faire quoi que ce soit pour moi.

Amma dit : « Apprenez à donner. Seuls ceux qui donnent ont le droit de prendre. Celui qui a un mental pour donner sera accueilli partout. Ce que l'on a pris et utilisé sera perdu en un instant. Ce que l'on a donné et partagé nous restera à jamais sous forme de satisfaction, de paix et de prospérité. »

Donner et recevoir

Dans le Ramayana, Ravana, le roi rakshasa[18] de Lanka, a toujours pensé à lui. Il n'a jamais vraiment fait quoi que ce soit pour les autres, même pour ceux qui le servaient avec dévouement. Il a abandonné son propre oncle Maricha, le forçant à devenir un cerf doré pour qu'il puisse kidnapper Sita sans se préoccuper du fait que ça lui coûterait la vie. Lors de la bataille qui oppose Rama à la *vanara sena* (l'armée des singes), Ravana a fait mourir de nombreux rakshasas dans le seul but de servir ses intérêts égoïstes. Il ne s'est même pas préoccupé de prendre soin de leurs cadavres de manière respectueuse ; ils ont simplement été jetés à la mer. Il était complètement pris au piège de son égoïsme et de sa négativité.

Par contre, le Seigneur Rama était tout entier tourné vers le partage avec les autres. Sa générosité lui valait d'être aimé de tous. Il a offert son amour et sa gratitude les plus sincères à Jatayu qui a sacrifié sa vie pour tenter de sauver Sita. Il lui a offert des funérailles dignes, comme il l'aurait fait pour son propre père. Au milieu des combats à Lanka, il a veillé à ce que les corps des soldats singes qui étaient morts soient respectueusement sauvegardés. Ils ont tous été ramenés à la vie quand Hanuman a apporté la plante Sanjivani de l'Himalaya. Lorsqu'il a quitté Lanka dans son char volant, il a invité Vibhishana et ses amis singes à se joindre à lui pour retourner à Ayodhya.

La qualité de notre vie dépend de ce qu'on partage avec les autres, de ce qu'on donne aux gens qui nous entourent. Veut-on être comme Rama ou comme Ravana ? C'est à nous de choisir. Il ne s'agit pas de donner uniquement une aide matérielle. Il s'agit tout autant de donner de l'attention, de l'amour et du temps. C'est ce type de don qui rend la vie joyeuse et lui donne un sens. C'est en partageant et en donnant que mon amie a trouvé un nouveau sens à sa vie après son accident tragique.

---

[18] Démon.

Amma dit : « Cultivons un mental qui désire donner plutôt que prendre. Notre existence est basée sur l'interdépendance. Nous ne devrions pas vivre que pour nous. Notre séjour en ce monde n'est que de courte durée. Un papillon donne beaucoup de joie aux autres au cours de ses quelques jours de vie. De même, notre vie doit profiter aux autres. Il faut partager nos richesses et nos joies avec les autres. Il faut que nous ne fassions qu'un avec les autres, dans l'interdépendance, l'amour et le partage. »

Lors de sa visite à Amritapuri, le défunt président de l'Inde, le Dr APJ Abdul Kalam, a déclaré : « Je veux faire part de ce que j'ai appris d'Amma : " Donner ". C'est le message que je reçois d'Amma. Continuez à donner. Vous pouvez donner. Il ne s'agit pas seulement d'argent. Vous pouvez transmettre un savoir. Vous pouvez soulager la douleur. Et vous pouvez même aller voir celui qui souffre. Chacun d'entre nous, qu'il soit riche ou pauvre, peut donner. C'est le plus grand message d'Amma à tous les habitants de cette région, du Kerala, de l'Inde et du monde entier. »

Le sens du service

Amma dit : « Ce dont le monde a besoin, c'est de personnes prêtes à servir, pas de leaders. Chacun souhaite devenir leader. Le vrai leader est celui qui sert vraiment les gens. Alors, apprenons plutôt à servir. C'est ainsi que l'on devient un vrai leader. » Dans le Mahabharata, Draupadi était une grande reine. Elle était également une servante exemplaire. En fait, c'est son sens du service qui faisait en grande partie la grandeur de son caractère. Elle a toujours servi ses cinq maris, les Pandavas, avec amour. Elle a également servi Kunti, sa belle-mère, avec beaucoup de soin. Son sens du service ne se limitait pas aux membres de sa famille. Elle veillait également à subvenir aux besoins des pauvres et des nécessiteux et à les nourrir.

Duryodhana remarque cette noble qualité chez Draupadi. De retour du *rājasūya yajña* (cérémonie de sacrifice accomplie par un roi) de Yudhishthira, Duryodhana raconte les événements à son père Dhritarashtra.

Au cours de cette conversation, il raconte ce qu'il a observé chez Draupadi : « Ô roi, chaque jour du *yajña*, Draupadi servait à manger à tout le monde, y compris à ceux qui étaient physiquement handicapés. Chaque jour, avant de manger elle-même, elle comptait le nombre de personnes qui n'avaient pas encore mangé. Elle ne mangeait pas avant que tous aient été nourris. »

On peut également se faire une idée de la nature généreuse et serviable de Draupadi en comprenant le fonctionnement de l'*akshaya-patra*. Il s'agissait d'un récipient au contenu intarissable qui a servi à nourrir les Pandavas et leur entourage pendant leurs années d'exil. C'était un cadeau de Surya Deva (le dieu du soleil). Ce qui est intéressant, c'est son fonctionnement. Chaque jour, il continuait à servir à manger jusqu'à ce que Draupadi prenne sa part. Là encore, Draupadi faisait passer les autres avant elle. Elle s'assurait que tout le monde était nourri avant de manger elle-même.

Draupadi tirait sa force de son sens du service. Malheureusement, aujourd'hui, les gens considèrent parfois cette attitude comme une faiblesse. Bien sûr, être au service, cela ne veut pas dire se laisser exploiter. Et il faut aussi faire preuve de discernement pour s'assurer qu'on aide et qu'on rend service à des personnes qui en ont vraiment besoin.

Amma dit : « Nous considérons souvent nos réussites comme les moments les plus importants de notre vie : par exemple, réussir nos examens universitaires ou être reconnu dans notre domaine d'expertise. Bien que ces réussites soient importantes, il y a encore de plus grands mérites dans la vie. C'est ce que l'on trouve dans les petites choses que l'on fait. Consoler quelqu'un qui est malheureux, aider ceux qui sont en difficulté, ces choses apparemment insignifiantes sont en fait plus importantes que les réussites de ce monde. »

Au nom de l'indépendance, on risque de se déconnecter du reste de la société et de la nature. Cette mentalité ne peut en aucun cas créer une société harmonieuse. Parfois, notre égocentrisme prend le pas sur notre capacité à être altruiste. On peut perdre sa faculté d'empathie, de connexion et de service aux autres. Ce que nous ne réalisons peut-être pas, c'est qu'être au service est la meilleure chose que nous puissions faire pour nous-mêmes. C'est la voie qui mène à notre propre bonheur. Notre égoïsme est la véritable racine de notre souffrance. En faisant passer les autres avant nous-mêmes, on se libère peu à peu de cette souffrance.

Donner et recevoir

Un jour, j'étais triste sans savoir pourquoi. J'ai passé la journée à me sentir triste. À un moment donné, une personne de l'ashram s'est approchée de moi et m'a demandé le chemin pour se rendre à un certain bâtiment de l'ashram. Elle semblait un peu désemparée. Après lui avoir donné les renseignements dont elle avait besoin, je lui ai demandé, avant de partir, si elle allait bien. Comme si elle n'attendait que ça, elle s'est mise à m'ouvrir son cœur, à me raconter les raisons de son désarroi et les difficultés que traversait sa famille. J'ai passé un certain temps à l'écouter, en essayant d'être présente pour elle. Après son départ, j'ai ressenti de la peine pour elle, mais en même temps, j'ai été étonnée de constater que ma propre tristesse s'était évanouie. Le simple fait de sortir de ma petite bulle pour me plonger dans le monde d'une autre personne m'avait tirée de ma négativité.

Des recherches récentes montrent qu'il existe un lien profond entre l'altruisme et le bonheur. Par exemple, une nouvelle étude a révélé que les cadres qui donnaient leurs primes pour aider les autres étaient plus heureux que ceux qui gardaient l'argent supplémentaire pour eux. Des étudiants ayant reçu 20 dollars dans le cadre d'une expérience ont présenté un degré de bonheur plus élevé s'ils dépensaient l'argent pour quelqu'un qui en avait besoin plutôt que pour eux-mêmes.

Amma dit : « La beauté et le charme de l'amour et du service désintéressés ne doivent pas disparaître de la surface de la Terre. Le monde devrait savoir qu'une vie de dévouement est possible, qu'une vie inspirée par l'amour et le service de l'humanité est possible. Au début, il suffit de se sentir inspiré par cet idéal. Aimez l'idéal, laissez-vous inspirer par lui. Au début, il s'agit d'une tentative consciente et délibérée. Au fur et à mesure que vous vous sentez de plus en plus inspiré par l'idéal d'altruisme, vous commencez à travailler avec votre cœur. Finalement, cela se fera spontanément. »

5

Rester sur les rails

S'inspirant d'un verset de la Katha Upanishad, Swami Vivekananda a prononcé la célèbre phrase : « Lève-toi, éveille-toi, et ne t'arrête pas tant que le but n'est pas atteint. » Ce que les Écritures appellent *lakṣya bodham*, c'est-à-dire la concentration sur son objectif, est essentiel pour toute réalisation, matérielle ou spirituelle. Si on veut vraiment se concentrer sur son but, il faut être clair sur les compétences et les qualités à développer et sur les habitudes à abandonner.

Le stylo est dans notre main

Une expérience a été menée sur des chiens en 1967 à l'Université de Pennsylvanie. Les chiens ont été divisés en deux groupes, puis mis par paire. Chaque paire a été placée dans une boîte en bois avec une cloison. Ils ne pouvaient ni se voir ni s'entendre. Ils ont ensuite reçu de petites décharges électriques qui leur ont procuré des sensations désagréables. L'un des chiens disposait d'un levier dans sa partie de l'enceinte. S'il l'actionnait, les chocs s'arrêtaient. L'autre chien n'avait pas de levier, mais les chocs s'arrêtaient dès que son partenaire appuyait sur le sien. Les deux recevaient exactement le même nombre de chocs, mais l'un contrôlait l'arrêt des chocs alors que l'autre ne le contrôlait pas. Il y avait un moyen de s'échapper de la boîte : l'une des parois latérales était suffisamment basse pour permettre aux deux chiens de sortir avec un peu d'effort.

Les chercheurs ont obtenu le même résultat pour toutes les paires de chiens : tous les chiens qui avaient le levier d'arrêt étaient capables de trouver la sortie et de s'échapper. En revanche, aucun des chiens qui n'avait pas le levier n'a pu trouver le moyen de s'échapper. La seule différence entre les chiens était leur pouvoir de contrôle. Les chocs et le niveau de difficulté pour s'échapper étaient les mêmes pour tous.

Les chiens sans levier n'ont peut-être pas pu s'échapper à cause de leur sentiment d'impuissance, le sentiment qu'ils étaient juste victimes de la situation, qu'ils n'avaient aucun pouvoir. En revanche, les chiens avec le levier, qui avaient le sentiment de pouvoir influencer la situation, ont eu la volonté et l'énergie nécessaires pour s'échapper.

Rester sur les rails

Comme les chiens de l'histoire, quand on se rendra compte qu'on a un pouvoir sur sa vie, on aura un plus grand sentiment de bien-être et on sera plus à même de faire des efforts pour devenir la personne qu'on aspire à être. Quelles que soient les difficultés extérieures auxquelles on est confronté, on a la capacité de choisir. Cette prise de conscience nous donne la confiance nécessaire pour prendre nos responsabilités et mieux harmoniser notre vie avec nos valeurs.

On peut croire qu'on est des victimes impuissantes. Ça peut réduire notre motivation et notre capacité d'action. On peut même se sentir un peu déprimé. On a tendance à rejeter la faute sur la situation extérieure. Peut-être qu'on a l'impression de ne pas recevoir l'amour et l'attention qu'il nous faut de la part de nos proches. Peut-être qu'on a l'impression que la vie n'est pas juste avec nous. On peut devenir apathique et se contenter de se plaindre de notre situation malheureuse, en accusant éventuellement les étoiles ou la période astrologique.

Or, c'est là qu'Amma nous dit clairement que le bonheur est toujours à notre portée. Certes, chacun de nous a des besoins essentiels à satisfaire : une alimentation convenable, un toit, une sécurité et un environnement stable pendant l'enfance. Au-delà de ces besoins, ce qui détermine notre bien-être, ce n'est pas tant notre situation extérieure que notre attitude face à cette situation. Il est important de reconnaître que notre vie est entre nos mains ; en fin de compte, on est responsable de notre bien-être et personne d'autre que nous ne l'est.

Le Seigneur Krishna nous dit dans la Bhagavad Gita :

uddhared-ātmanātmānaṁ nātmānam-avasādayet ātmaiva hyātmano bandhurātmaiva ripurātmanaḥ

Élevez-vous par vous-même. Ne vous rabaissez pas. Car toi seul es ton propre ami et toi seul es ton propre ennemi[19].

Amma nous transmet un message similaire : « Nous sommes nous-même la lumière ou l'obscurité sur notre chemin. Nous sommes nous-même les épines ou les fleurs sur notre chemin. » En général, notre mental ne cesse de se plaindre de divers aspects de notre vie : « Si seulement la réception de mon téléphone était meilleure ici », « si seulement les voisins arrêtaient de faire autant de bruit », etc. Mais même si un problème est réglé, le mental n'est que temporairement soulagé et il passera rapidement au problème suivant.

Bien sûr, certaines situations exigent des efforts extérieurs : des problèmes concrets nécessitent des solutions concrètes. Mais garder une attitude intérieure saine est la clé pour pouvoir rester calme et serein en toutes circonstances.

Amma nous rappelle qu'essayer d'arranger la situation extérieure, c'est souvent comme essayer de redresser la queue recourbée d'un chien. Ce qu'on peut et doit changer, c'est notre disposition mentale. C'est sur ça qu'on doit se concentrer. Amma poursuit : « La vie se déroule selon la façon dont nous l'écrivons. Nous devons comprendre cela et ne pas tomber dans l'impuissance et la dépression. Dans la vie, il y aura toujours un mélange de plaisir et de douleur, de bons moments et de moments difficiles. La vie est comme l'aiguille d'une horloge. Elle oscille entre difficultés et succès. »

Si notre vie est un récit, en fin de compte, on a en main le stylo qui l'écrit.

---

[19] Bhagavad Gita 6.5.

Apprivoiser le mental singe

Amma raconte souvent l'histoire suivante : « Un jour, un singe décide de passer une journée à méditer et à jeûner. Il s'assied sous un arbre et ferme les yeux. Immédiatement, une pensée lui vient à l'esprit : « Je n'ai jamais jeûné comme ça. À la fin de la journée, je serai peut-être trop fatigué pour marcher. Je pourrais mourir ! Si je m'assieds sous un arbre fruitier, je n'aurai pas besoin d'aller loin pour trouver à manger à la fin de la journée. » Il se lève et s'assoit sous un arbre fruitier. Il reprend sa méditation. Au bout d'un moment, le singe se dit : « Après avoir jeûné si longtemps, et si je n'avais pas assez d'énergie pour grimper à l'arbre et cueillir le fruit ? »

Il grimpe sur une branche qui porte beaucoup de fruits et s'y assied pour méditer. Puis il se dit : « Et si mes bras sont trop faibles pour cueillir les fruits après le jeûne ? » Il cueille donc beaucoup de fruits, les met sur ses genoux et se remet à méditer. Un peu plus tard, il a faim. Il se dit : « Ça fait longtemps que je n'ai pas mangé de fruits aussi gros et aussi savoureux. Je peux toujours jeûner un autre jour ! » Dès que cette pensée traverse son mental, le fruit se retrouve dans sa bouche.

Notre mental ressemble à ce singe. On veut faire certaines choses, mais souvent notre mental ne coopère pas. Il nous trompe sans cesse. Imaginons qu'on veuille se lever tôt le matin pour terminer un travail. Le réveil sonne et notre mental singe nous persuade : « Encore cinq minutes, il n'y a pas de mal à dormir cinq minutes de plus. » Ensuite, on se rend compte qu'une heure a passé, qu'il faut se dépêcher de se préparer pour aller au travail et trouver une excuse pour ne pas avoir terminé le travail.

Imaginons qu'on aime les chocolats et que le médecin nous ait dit qu'il fallait perdre du poids. On sait qu'il faut manger moins de sucre et on prend la ferme résolution d'arrêter d'en manger. Soudain, au cours de la journée, le mental singe prend la parole : « Tu te souviens de cette boîte de chocolats que tu gardais pour une occasion spéciale ? Sa date de péremption est proche et ce n'est pas bien de gaspiller de la nourriture. Et si tu commençais ton nouveau régime demain ? »

Le lendemain, tout se passe bien jusqu'à ce qu'on se souvienne de ce paquet de biscuits dans le placard de la cuisine. Le mental singe reprend ses droits : « Ok, ce sont des biscuits très spéciaux. Ne rate pas cette occasion. Et si tu en prenais quelques-uns ? Et de toute façon, demain c'est *ekadashi* (jour traditionnel de jeûne), ce serait donc un meilleur jour pour commencer le nouveau régime ! »

Ainsi, notre mental singe ne cesse de nous tromper, et on continue à se faire avoir. Du coup, on rate souvent nos objectifs.

Vers la fin de l'exil de Rama, Ravana a enlevé Sita et l'a emmené à Lanka. Rama en a eu le cœur brisé et Lakshmana et lui sont partis à sa recherche, essayant de trouver des indices sur l'endroit où elle se trouvait. Au cours de leurs explorations, ils ont rencontré Sugriva, un roi singe. Il était lui-même dans une situation difficile. Son frère Vali avait enlevé sa femme et l'avait banni du royaume.

Le Seigneur Rama et Sugriva sont devenus amis, promettant de s'aider et de se soutenir mutuellement. Lors de leur rencontre, le Seigneur Hanuman était présent. Il a compris que le mental instable et fluctuant de Sugriva avait besoin d'un élément stabilisant pour rester fidèle à cette amitié. Hanuman a commencé à préparer une fosse pour un feu sacrificiel. Il a allumé le feu sacré et organisé une cérémonie pour sceller cette amitié extraordinaire.

Se prenant la main, les deux nouveaux amis ont fait sept fois le tour du feu. Ils ont prêté serment et se sont promis une amitié à toute épreuve. Plaçant leurs mains droites au-dessus du feu sacré, Rama et Sugriva ont dit d'une même voix : « Scellé par la présence sacrée d'Agni (le dieu du feu), je suis lié par ce pacte d'amitié. » C'est ainsi qu'Hanuman a accompli le sacrifice rituel pour aider le mental fluctuant de Sugriva à rester ferme dans son engagement envers Rama.

Sugriva, le roi singe, représente notre mental. Et le Seigneur Rama est l'image de notre but. Pour faire en sorte que notre mental coopère pour atteindre nos objectifs, on a souvent besoin d'un engagement formel. Un mental distrait et une volonté faible nous empêchent d'exploiter notre véritable potentiel ; c'est vrai dans tous les domaines de la vie.

Amma dit : « Chez beaucoup d'entre nous, notre mental singe trouvera constamment des excuses pour éviter de faire ce qui doit être fait. Nous devons être fermes et nous concentrer sur notre objectif. Ceux qui ont une volonté forte et qui font des efforts sérieux pour atteindre leurs objectifs réussiront à coup sûr. »

Comment fixer notre mental sur nos objectifs ? Pour y arriver, mieux vaut mettre les choses par écrit. Amma nous encourage à tenir un journal. Cela nous permet d'identifier clairement nos objectifs. Il est important de s'assurer que ces objectifs sont réalistes. Un petit truc : chaque jour, on peut seulement noter les choses qu'on est confiant de pouvoir réaliser si on reste concentré. On est seul juge de ce qu'est une « liste réaliste ». On peut commencer par un ou deux points et augmenter progressivement la liste. En fin de journée, on peut passer en revue la liste et voir si on a réussi à rester sur la bonne voie.

Plus tard, on peut prendre quelques minutes pour noter dans quelle mesure on a réussi à atteindre ces objectifs. Il ne faut pas se décourager si on n'a pas réussi. Au contraire, le lendemain, on peut modifier la liste pour la rendre plus réaliste. Cela nous aidera à développer notre volonté et à vaincre le mental singe. Ça nous permettra de façonner notre vie comme on le veut.

Appuyer sur le bouton pause

Un jour, j'avais prévu de donner un enseignement à l'ashram. Trois jours avant la date prévue, j'ai reçu un appel téléphonique de la swamini responsable m'informant qu'il y avait eu un changement et que mon intervention avait été avancée au lendemain. Sur le coup, j'ai accepté, mais dès que j'ai raccroché, je me suis affolée. Je me suis dit : « Attends un peu, si je dois faire mon exposé demain, c'est dans moins d'un jour ! Ce n'est que dans quelques heures ! Pas question ! J'ai besoin de plus de temps pour le préparer ! »

En plein stress, j'ai décidé de rappeler immédiatement la responsable pour lui dire qu'en fait, c'était impossible. J'ai composé le numéro. C'était pendant les premières années de la pandémie de covid et j'ai donc été accueillie par le message automatique de l'époque. J'étais impatiente et je voulais parler à swamini le plus rapidement possible, mais au lieu de cela, j'ai dû attendre et écouter : « *Namaskaram. covid-19 unlock prakriya rajyam embadum arambichu kazhinju. Atu kondu, ningalude vidukalil ninnu atyavashyam undenkil matrame purattu pokavu. Face-cover allenkil mask dharikkumbol, vayum mukkum muzhuvanayi muduvan shraddhikkuka.* » (Namaskar, covid-19. Les mesures de confinement sont levées dans tout le pays. Ne sortez donc de chez vous qu'en cas de nécessité. Veillez à vous couvrir la bouche et le nez lorsque vous portez un masque).

J'attendais que le message se termine et que l'appel passe ; cet intervalle a créé un moment de calme, un moment de silence. Dans ce moment de conscience, la voix de la raison s'est mise à me parler, une voix sensée, une voix de confiance en moi. Je

me suis dit : « Ce n'est pas grave, je suis prête. Je réagis comme ça parce que je suis inquiète. Je devrais accepter la situation et faire mon enseignement demain. » J'ai raccroché avant même le début de la sonnerie. J'ai ressenti un sentiment de gratitude à l'égard de ce message corona audio !
Que s'est-il passé dans cette histoire ? J'ai d'abord été prise de panique et j'ai perdu confiance en moi. Si j'avais pu agir immédiatement, j'aurais annulé la présentation du lendemain sans raison valable. Au lieu de ça, ce message téléphonique a amené un peu d'espace entre mes pensées initiales et mes actions. Ça m'a donné l'occasion de m'arrêter, de reprendre mes esprits et de réfléchir avant de réagir. Grâce à ce moment de prise de conscience, au lieu de me laisser entraîner par mes émotions et d'agir de manière impulsive, j'ai pu réagir de manière raisonnable.

Il arrive souvent qu'on parle de manière inconsidérée ou qu'on agisse sous l'impulsion du moment et qu'on le regrette par la suite. « Si seulement j'avais réfléchi un peu avant de faire ça... » Amma nous donne les moyens de maîtriser notre impulsivité : « Pour le moment, nous sommes incapables de maintenir un intervalle de temps entre nos pensées et nos actions. C'est pourquoi nos pensées se manifestent sous forme d'explosions émotionnelles. Si on arrive à laisser ne serait-ce qu'un petit intervalle entre nos pensées et nos actions, on maîtrisera mieux nos émotions. » En créant cet intervalle, on dispose d'une sorte de bouton pause interne. Les impulsions sont peut-être inévitables, mais pas les actes. Un bouton pause nous aide à placer une cale entre nos impulsions et nos actions. Ça nous permet de prendre conscience, ce qui nous donne la possibilité d'utiliser notre discernement et de choisir la meilleure ligne de conduite.

Pensez au jeu de dés entre Yudhishthira et Duryodhana. Si seulement Yudhishthira avait utilisé ce genre de « bouton pause » ! S'il l'avait fait, il n'aurait jamais perdu tout son

Rester sur les rails

argent, ses bijoux et même ses frères et sa femme. Au départ, en entrant dans l'assemblée royale, il avait réaffirmé sa réticence à participer au jeu. Il avait évoqué les dangers et les conséquences négatives des jeux de hasard. Yudhishthira est considéré comme Dharmaraja, le roi du dharma. Mais même Yudhishthira, aveuglé par la frénésie du jeu, n'a pas réussi à laisser cet intervalle entre ses pensées et ses actes. À la fin, il s'est même donné en gage, avant de se perdre. En réalité, il s'est perdu bien plus tôt, quand il a perdu ce bouton pause entre ses pensées et ses actions, il s'est perdu lui-même.

Si c'était le cas pour quelqu'un d'aussi ancré dans le dharma que Yudhishthira, rien d'étonnant à ce que ça soit si difficile pour nous. Il y a d'innombrables moments dans notre vie où on se perd soi-même. Quand on réagit impulsivement face à une situation sans faire appel à notre capacité de réflexion et de discernement, on perd le contrôle de soi. On devient le serviteur de ses impulsions au lieu d'être le maître de son mental. C'est le cas quand on agit sous le coup de la colère, de l'orgueil ou de la peur, comme j'ai failli le faire dans l'histoire du coup de téléphone.

Comment créer cet « intervalle », cette lumière de conscience à l'intérieur de nous ? Comment appuyer sur le bouton pause lorsqu'il n'y a pas de message audio covid pour le faire à notre place ? Il existe plusieurs méthodes. Chacun doit trouver celle qui lui convient le mieux. On peut faire du *japa* (répéter son mantra) pendant quelques instants. On peut s'arrêter pour prendre quelques respirations lentes ou réciter une prière ou un verset sacré. Au début, ça peut être difficile, mais si on persévère, l'intervalle entre nos pensées et nos actions se manifestera bientôt naturellement.

Le jugement des autres

Certains comportements sont universels. Par exemple, notre réaction lors d'une chute. Imaginez-vous en train de trébucher sur quelque chose dans la rue et de tomber. Quelle sera la première réaction ? D'abord, on regarde autour de nous : « Est-ce que quelqu'un m'a vu tomber ? » Avant même de penser à la douleur physique, on a peur de se ridiculiser devant les autres. Notre souci du jugement des autres est profondément ancré en nous !

Cette gêne est une manifestation de l'ego. Amma souligne que, même engagé dans la voie spirituelle, on trouve qu'il est très difficile de se débarrasser de l'ego. À ce sujet, Amma a l'habitude de citer ces lignes d'un bhajan :

> *mānavum māmūlum lajjayum kḷēśavum ñān upēkṣikkunna nāḷ varumō?*

> Quand se lèvera le jour où je me libérerai de l'orgueil, des conventions archaïques, de la timidité et de la souffrance[20] ?

Un jour, à Heathrow, l'aéroport de Londres, alors que je retournais en Inde, j'ai été retenue longtemps au guichet d'enregistrement. Je n'ai eu que 40 minutes pour aller de l'enregistrement à la porte d'embarquement. Ceux qui sont allés au terminal 5 de l'aéroport d'Heathrow savent à quel point ce terminal est grand et très chargé et à quel point les portes d'embarquement peuvent être éloignées. J'ai couru ! Premier arrêt : la sécurité ; il y avait

---

[20] Vannālum Ambikē.

une longue file d'attente. Enfin, j'ai pu mettre mon sac sur le tapis roulant pour passer le contrôle. Là aussi, j'ai été retardée parce que j'avais oublié de sortir mon iPad. Il ne restait plus que 25 minutes avant le décollage. J'ai couru à nouveau, en me faufilant entre les gens. Ma porte d'embarquement se trouvait à quelques arrêts de navette. J'ai regardé l'heure : il restait 15 minutes. Le train s'est arrêté, j'ai pris mon bagage à main et j'ai couru jusqu'à l'escalator.

J'ai commencé à monter l'escalator en courant. Probablement parce que j'étais fatiguée et que je tremblais, ma valise m'a échappé des mains. Sous le choc, comme au ralenti, je l'ai vue glisser le long de l'escalator. J'ai dévalé quelques marches et j'ai plongé pour la rattraper. Je l'ai attrapée, mais je suis tombée sur les marches. À ce moment-là, je me suis retrouvée affalée sur l'escalier mécanique, le dos appuyé contre le côté de l'escalier. J'essayais de me relever, mais le mouvement continu de l'escalier mécanique vers l'avant rendait la tâche difficile. Des gens me regardaient, mais je m'en fichais complètement. Tout ce qui comptait, c'était que j'atteigne la porte d'embarquement.

Essoufflée, le cœur palpitant, ruisselante de sueur, je suis arrivée à la porte d'embarquement. Le vol avait été retardé, les gens faisaient donc encore la queue. Dans la file d'attente, j'ai revu mentalement ce qui s'était passé quelques minutes plus tôt. J'ai imaginé de quoi j'avais dû avoir l'air devant ceux qui montaient l'escalator derrière moi : écroulée sur les marches en mouvement, incapable de retrouver l'équilibre et de me relever. J'ai d'abord ri en imaginant la scène. Puis j'ai commencé à me sentir gênée. J'ai regardé autour de moi. L'une de ces personnes m'avait-elle vu tomber ? Avaient-elles été témoins de cette scène embarrassante ?

Vous voyez ce qui s'est passé ? Lorsque je courais, toute mon attention était concentrée sur mon but. Par conséquent, je ne gaspillais pas d'énergie mentale pour autre chose. Je ne me souciais pas du tout de ce que les gens pensaient de ma chute comique. Mais, quand je suis arrivée à la porte, j'ai perdu ma concentration. La gêne et l'embarras ont pris le dessus. Cette expérience m'a montré que si on se concentre sur un objectif, l'énergie mentale qu'on consacre à des choses sans importance diminue automatiquement.

Quand on pense trop à la façon dont les autres nous voient, cela signifie qu'on manque de suite dans les idées. Et c'est vrai quel que soit le but : chanter notre mantra et se souvenir du divin, être attentif à ce qu'on fait, ou simplement devenir un meilleur être humain.

Dans la Bhagavad Gita, le Seigneur Krishna parle du vrai dévot, en d'autres termes, de celui qui est vraiment concentré sur le Suprême. Cette personne est *sthira-matiḥ*[21], concentrée sur le but spirituel. C'est précisément cette concentration et cette détermination qui lui permettent de ne pas se préoccuper du jugement des autres : *tulya-nindā-stutiḥ*[22], face au blâme et à l'éloge ; et *samaḥ māna-apamānayoḥ*[23], restant égale à elle-même dans l'honneur et le déshonneur.

Amma dit : « Nous sommes, pour la plupart, très affectés par ce que les autres pensent et disent de nous. Nous devrions plutôt développer notre confiance en nous. Si nous nous concentrons sur un objectif plus élevé, nous aurons la force de surmonter toutes ces faiblesses mentales. »

---

[21] Bhagavad Gita 12.19.
[22] Bhagavad Gita 12.19.
[23] Bhagavad Gita 12.18.

6

Trouver la foi en soi

Les Écritures nous disent : *tat tvam asi*, tu es cela. Notre vraie nature est divine. Pour la plupart d'entre nous, cela peut sembler un peu abstrait et loin de la vie de tous les jours. Développer et nourrir sa relation avec Dieu, cultiver l'amour du divin, se servir de sa foi en Dieu pour renforcer sa foi en soi, voilà les étapes pour réaliser qu'on est des *amṛtasya putrāḥ*, enfants de l'immortalité.

Dieu comme moyen ou comme but

Avant de venir à l'ashram, ma priorité était de gagner de l'argent pour acheter des billets d'avion et voyager avec Amma. Cette idée était souvent en arrière-plan quand je parlais avec des gens. En particulier avec les « bonnes connexions » potentielles, les personnes dont je pensais qu'elles pourraient m'aider à trouver un petit boulot. Quand je suis venue vivre à l'ashram, plus besoin de me faire du souci pour gagner de l'argent. J'ai constaté que mes interactions et mes relations devenaient plus vivantes. Je pouvais apprécier les gens pour ce qu'ils étaient, sans penser à ce que je pouvais en tirer.

Nos relations ne peuvent pas être riches et épanouissantes si on se concentre sur ce qu'on peut en tirer. C'est également vrai en ce qui concerne notre relation au divin. Amma dit souvent : « En général, aujourd'hui, les gens voient Dieu comme un moyen et non comme un but. Les gens vont au temple et se lancent dans une sorte de marchandage avec Dieu : « Je t'allume une bougie et tu m'aides à réussir l'examen. Je te donne du riz au lait et tu me donnes ce que je veux. »

Le Srimad Bhagavatam raconte l'histoire de Dhruva. Son père, le roi Uttanapada, avait deux femmes, Suruchi et Suniti. Uttanapada ne s'occupait que de Suruchi et de son fils. Il ne s'occupait jamais de Dhruva, le fils de Suniti. Un jour, quand les deux garçons avaient cinq ans, le roi prit le fils de Suruchi sur ses genoux. Voyant son père jouer affectueusement avec son frère, Dhruva a innocemment essayé de grimper sur les genoux de son père. Mais Uttanapada l'a repoussé brutalement. La reine Suruchi a ri méchamment et dit à Dhruva : « Tant pis pour toi, je ne suis pas ta mère. Tu ne monteras jamais sur les genoux de ton père ni sur son trône. Si tu veux que ton père t'aime, demande au Seigneur Vishnu d'être mon fils dans ta prochaine vie. C'est le seul moyen pour que ton père t'aime. »

Ses paroles ont brisé le cœur de Dhruva et des larmes ont commencé à couler sur ses joues. Son père est resté silencieux. Le petit Dhruva a couru voir sa mère ; il s'est jeté en sanglots sur ses genoux. Suniti l'a pris dans ses bras et a essayé de le réconforter de son mieux. Lorsqu'elle a appris ce qui s'était passé, elle a dit à Dhruva :

« Mon enfant, ne sois pas triste. Après tout, Suruchi a raison. Si tu veux être le fils préféré comme Uttama, si tu veux un jour un trône à toi, tu dois vénérer le Seigneur Vishnu, le refuge ultime de tous. » Dhruva a arrêté de pleurer. Un changement s'est opéré dans son jeune cœur. Il a décidé de quitter le palais et de se consacrer à l'adoration du Seigneur Vishnu. Alors qu'il partait, Narada (un sage errant) est apparu et a tenté de le décourager : « Dhruva, rentre chez toi, tu n'es qu'un enfant. » Mais Dhruva n'a pas hésité. Il a répondu : « Après ce que ma belle-mère a dit, je ne peux plus vivre là-bas. De plus, mon père n'a pas dit un seul mot pour la faire taire. Mon cœur est brisé. Je veux l'amour de mon père. Et je veux devenir grand, je veux le trône. »

Impressionné par sa détermination, le sage Narada lui a donné des instructions pour accomplir sa pratique spirituelle. Il lui a décrit la forme magnifique du Seigneur Vishnu : son teint couleur de nuage de pluie, sa robe jaune brillant, sa présence rayonnante et douce. Dhruva s'est prosterné et s'en est allé. Les yeux de Narada se sont remplis de larmes en regardant l'enfant partir vers la forêt.

Dhruva a fait des austérités extrêmes. Il s'est absorbé dans la forme magnifique du Seigneur. Son cœur débordait d'amour pour le Seigneur à la peau sombre. Au bout de six mois, le Seigneur Vishnu est apparu à l'enfant. Dhruva se tenait sur un pied, les yeux fermés. Il était tellement absorbé dans sa méditation qu'il ne se rendait pas compte que son Seigneur adoré était devant lui. Ce n'est que lorsque Vishnu a retiré son image de l'esprit de Dhruva que ce dernier a ouvert les yeux. Voyant le Seigneur Vishnu, Dhruva a chanté ses louanges, il était bouleversé par l'émotion, des larmes coulaient sur ses joues. Il n'a pas demandé l'affection de son père, ni la noblesse ni le trône. Voici plutôt ce qu'il a dit : « Ô Seigneur infini, accorde-moi la compagnie de tes grands dévots. Comme ça, en les écoutant raconter leurs histoires et leurs chants à ta gloire, mon cœur sera rempli de dévotion. Je ne veux rien d'autre. »

Dhruva a commencé son voyage spirituel en désirant des avantages matériels. Au début, il considérait Dieu et les pratiques spirituelles comme un moyen d'obtenir ce qu'il voulait. Mais les choses ont changé et Dieu est devenu son but. L'amour de Dhruva pour le Seigneur s'est approfondi ; il s'est mis à aimer Dieu pour l'amour de Dieu. Sa relation avec le Seigneur Vishnu a gagné une profondeur et une douceur indescriptibles. Lorsqu'il a reçu la vision de son Seigneur, la vie de Dhruva a été comblée. De plus, il a gagné l'affection de son père et même le trône, plus tard, comme il l'avait désiré à l'origine.

Amma dit : « Si nous ne demandons que la dévotion, l'amour de Dieu, tout le reste viendra de lui-même. Si vous attrapez la reine des abeilles, vous attrapez aussi toutes les autres abeilles parce qu'elles suivront toutes. De même, si vous aimez Dieu

Trouver la foi en soi

pour l'amour de Dieu, vous obtiendrez tout, sans même avoir à le demander. » Cela ne veut pas dire qu'il ne faut pas parler à Dieu de nos problèmes. Cependant, comme le dit Amma : « Si nous parlons à Dieu de nos chagrins, faisons-le dans le but de nous rapprocher de lui. »

Il arrive que notre attitude à l'égard de Dieu ressemble à la mienne lorsque je pensais à gagner de l'argent, je voyais les autres comme un moyen d'obtenir ce que je voulais. Il n'y a rien de mal à prier Dieu pour certaines choses, mais si notre dévotion s'arrête là, elle restera superficielle. Si on considère Dieu comme l'objectif, la vie se transformera magnifiquement, non seulement sur le plan spirituel, mais aussi dans tous les domaines. Tout ce dont on a besoin dans la vie nous sera donné.

Notre témoin intérieur

Je suis parfois assez timide. En général, les gens ne me croient pas quand je le dis. Je ne suis pas timide quand je suis devant une caméra ou au micro devant une foule de gens. Mais dans certaines situations, je suis affreusement timide. Si vous ne me croyez pas, demandez à ma mère. Je me souviens d'une fois où elle m'a demandé d'aller dire quelque chose à notre voisin. Je me suis sentie tellement timide que j'ai traîné mon petit frère avec moi.

Il y a quelques années, je devais voir quelqu'un pour lui demander conseil à propos d'un projet. J'ai dû l'appeler pour fixer un rendez-vous. Il s'agissait d'une personne que je ne connaissais pas bien et qui m'intimidait. En général, je n'aime pas téléphoner, mais cette fois-là, je me suis sentie encore plus nerveuse. Toute la matinée, je me suis tracassée, je racontais aux personnes avec lesquelles je travaillais dans la cuisine que je devais passer ce coup de fil.

Finalement, j'ai pris mon courage à deux mains et j'ai composé le numéro. Dès que j'ai commencé à parler, j'ai vu à quel point j'avais eu tort de stresser. Ce n'était pas grand-chose après tout. Nous avons fixé l'heure du rendez-vous. Lorsque nous avons raccroché, j'ai eu l'impression qu'on m'avait enlevé un poids des épaules. J'ai hurlé à mes amies dans la cuisine : « Ça y est, c'est fait ! J'ai passé le coup de fil ! C'est bon, on a pris rendez-vous. Je suis vraiment soulagée ! »

Tout à coup, j'ai vu mon téléphone. J'étais toujours en ligne ! J'étais perturbée parce que je me souvenais très bien d'avoir raccroché. Avant que je ne puisse faire quoi que ce soit, l'appel s'est terminé. Il avait dû raccrocher. Quelques jours plus tard, on a eu notre réunion. À la fin, il m'a dit : « Immédiatement après ton coup de fil de l'autre jour, j'ai reçu un autre appel de ta part. Mais je n'ai entendu que des sons incompréhensibles. »

C'est là que j'ai compris ce qui s'était passé. Après avoir raccroché, ma main a sans doute touché l'écran et refait le numéro par erreur. J'avais annoncé si fort et si clairement mon triomphe à mes amis qu'il ne pouvait pas ne pas avoir entendu. Heureusement pour moi, il m'a ménagée par politesse.

Embarrassée, j'ai dit : « Ah bon ? J'ai dû avoir un souci de téléphone. »

Vous pouvez rire, on en a beaucoup ri avec mes amis après coup, mais je ne vous raconte pas cela juste pour vous amuser. Cet incident nous sert de leçon. Il y a des moments où l'on pense à Dieu, par exemple quand on va au temple ou dans un autre lieu de culte, quand on récite l'archana ou quand on allume une lampe devant un autel. On peut parler à Dieu, lui ouvrir notre cœur, exprimer nos sentiments et nos désirs les plus profonds. Mais on pense peut-être que cette « conversation » avec Dieu est terminée au moment où on sort du temple, quelque chose qu'on a coché sur notre liste de choses à faire. Cependant, on n'est pas « déconnecté » de Dieu. Car pour ce qui est de la connexion avec Dieu, la ligne n'est jamais coupée.

De notre point de vue, on ne ressent le lien que quand on est dans le temple ou la salle de puja, mais ce lien demeure après qu'on en est sorti. C'est parce que Dieu est l'*antaryāmī*, celui qui habite en chacun de nous. Dieu est notre *mana-sākṣī*, le témoin de chacune de nos pensées. Si on est capable de s'en souvenir, on portera plus d'attention à nos pensées. Notre dévotion grandira, elle ne sera plus seulement limitée à une partie de notre journée ou de notre semaine, elle imprégnera chaque instant de notre

Cent Pots

vie. La conscience de Dieu fera partie de nous. Chaque instant sera rempli de lumière.

Amma dit : « Notre dévotion est très limitée. Nous prions et faisons des offrandes à Dieu pour qu'il réalise nos vœux et résolve nos problèmes. À d'autres moments, nous oublions complètement Dieu. La dévotion n'est pas une activité à temps partiel. Un dévot se souvient de Dieu à tout moment et en toutes circonstances. De même, Dieu devrait être le point de mire de notre vie. Si c'est le cas, même au milieu des affaires du monde et de nos nombreuses actions, notre mental se concentrera sur Dieu. C'est cela la vraie dévotion. »

Tous porteurs de fardeaux

Une fois, je portais un bidon de 20 litres d'eau sur mon épaule jusqu'à la cuisine. Je suis souvent têtue, j'aime faire les choses moi-même, sans l'aide de personne. Ces bidons d'eau sont lourds, mais du moment que le trajet ne dure pas trop longtemps, je peux m'en sortir. Mais ce jour-là, alors que je marchais en tenant le bidon en équilibre sur mon épaule, quelqu'un s'est approché de moi. Elle avait quelque chose de très important à me dire. Elle a jeté un coup d'œil au bidon d'eau sur mon épaule et m'a dit : « Je suppose que ce n'est pas vraiment le moment de te parler avec ça sur l'épaule, mais tu sais ce qui m'est arrivé ? » Elle avait parlé à Amma de quelque chose qui était très important pour elle et elle était toute excitée. Elle voulait absolument tout me raconter et a choisi de ne pas tenir compte du fait que j'étais debout avec un bidon de 20 litres d'eau sur l'épaule.

Je savais à quel point c'était important pour elle, alors quand elle a commencé à raconter son histoire, j'ai essayé de l'écouter avec attention et d'être présente. Mais plus le temps passait et plus le bidon devenait lourd. Je sentais ma colonne vertébrale se tasser sous son poids. J'avais de plus en plus de mal à faire preuve d'enthousiasme. Au bout d'un moment, même si je hochais la tête et essayais de sourire à tout ce qu'elle me racontait, je ne pensais plus qu'à une chose : comment faire pour déposer mon fardeau ?

À ce moment-là, quelqu'un est passé par là. Il a vu ce qui se passait et a gentiment interpellé la dame : « Ne lui parle pas maintenant. Tu vois bien qu'elle porte quelque chose de lourd ! » Elle a immédiatement repris ses esprits et dit : « Oh, je suis vraiment désolée, je n'ai pas fait attention ! » J'ai souri et, avant de reprendre le chemin de la cuisine, je lui ai dit de ne pas s'en faire. Je ne voulais pas qu'elle culpabilise.

À cause de mon fardeau, je n'ai pas pu être pleinement présente pour cette personne qui voulait mon attention. Mais on est nombreux à être dans ce cas dans la vie, n'est-ce pas ? Souvent, on est préoccupé par les soucis et les fardeaux émotionnels qui nous pèsent. Aussi, on est incapable de profiter du moment présent ou d'être présent pour les autres. On vit dans un état de tension. La solution est simple, mais on l'oublie souvent : on doit déposer ses fardeaux. Si je voulais vraiment être présente à cette personne, j'aurais dû trouver un endroit où poser le bidon. Au contraire, j'ai continué à le porter et je n'ai donc pas été en mesure d'être attentive aux besoins de cette femme.

Amma dit : « Si nous tenons un livre épais à bout de bras, nous pouvons le tenir pendant cinq minutes environ. Si nous nous forçons à le tenir comme ça pendant une heure, nous aurons terriblement mal au bras. Si nous devons le tenir toute la journée, il faudra appeler une ambulance. Il en va de même pour nos chagrins. Nous devons nous en décharger et les déposer aux pieds du divin en priant de tout notre cœur. Lorsque nous prions et offrons nos soucis au divin, nous relâchons la pression intérieure et la tension mentale que nous ressentons. En fait, c'est comme une thérapie psychologique. »

Amma donne l'exemple d'un homme dans un train qui porte sa valise sur la tête. Il souffre et pleure parce que sa valise est très lourde ; il ne se rend pas compte que, s'il pose sa valise ou s'il la garde sur la tête, le train continuera à la porter. Amma dit : « Nous sommes dans cet état aujourd'hui. Nous avons beaucoup de mal à nous abandonner au divin. Dans la vie, nous pouvons seulement faire de notre mieux et abandonner le reste à la volonté divine. C'est dans cet état d'abandon que le Seigneur accepte tous nos fardeaux. Nous avons créé nos chagrins, ce n'est pas la faute de Dieu. Si nous voulons pouvoir y faire face, il faut les déposer. »

Le Srimad Bhagavatam rapporte ce que Mère Kunti dit au Seigneur Krishna : « Ô Krishna, parce que Brahman, le Créateur, te l'a demandé avec ferveur, tu as choisi de t'incarner parmi les hommes pour libérer notre mère la Terre du poids écrasant qui menaçait de la submerger, comme un navire chargé d'un fardeau insoutenable. »

On se sent aussi parfois accablé. On oublie que le divin est toujours présent et qu'il est prêt à prendre en charge nos fardeaux. La prière est un moyen efficace et simple d'en profiter. Il nous suffit de nous tourner vers l'intérieur et d'offrir nos fardeaux au divin. Ouvrir son cœur au divin est le remède qui soulage les chagrins et les soucis. En se rappelant que Dieu est notre parent le plus proche, on peut se confier totalement à lui.

Amma dit : « Ruminer le passé, s'inquiéter de l'avenir sont les fardeaux que nous portons tous. Déposons ces inquiétudes aux pieds du divin. Si nous laissons les événements du monde extérieur, qu'ils soient heureux ou malheureux, influencer notre mental, il sera perturbé et prisonnier du chagrin et de la déception. Mais si nous remettons notre mental à Dieu, nous resterons toujours calmes. »

Le divin est notre force

Certains jours, les petits enfants de l'ashram ont l'occasion de parler au micro et de dire ce qu'ils pensent de différents sujets spirituels. Cela se passe pendant les bhajans, devant Amma et toute la communauté de l'ashram. Une fois, une toute petite fille s'est avancée en levant la main. Mais lorsqu'on lui a donné le micro, elle s'est figée. La peur l'a envahie. Elle a oublié tout ce qu'elle avait prévu de dire et est restée sans voix, le micro dans sa petite main. Après avoir essayé de la convaincre de parler, Amma lui dit : « C'est bon, ma fille. Demain, viens avec ta mère. Dis-lui de rester à côté de toi quand tu auras le micro. Comme ça, tu auras le courage de parler en sachant qu'elle est à côté de toi. » Et c'est comme ça que le lendemain, la petite fille a été capable de parler au micro. La présence rassurante de sa mère lui a donné le courage et la confiance dont elle avait besoin.

Quand Amma parle aux petits enfants, elle s'adresse aussi à nous tous. Parfois, on se trouve dans des situations intimidantes. On peut avoir l'impression de ne pas être à la hauteur des difficultés qu'on rencontre. On perd confiance en soi, on panique. On reste figé comme la petite fille avec son micro. Dans ces moments-là, il y a un outil puissant pour retrouver la confiance et la force : se rappeler que nous ne sommes pas seuls. Dieu est avec nous. Dieu ne peut pas être séparé de nous parce qu'il est la véritable essence à l'intérieur de chacun de nous. Amma répète sans cesse : « N'oubliez jamais que vous n'êtes pas seuls sur ce chemin. Dieu est toujours avec vous. Laissez Dieu vous prendre la main. »

Trouver la foi en soi

Dans le Bhagavatam, il y a une histoire intéressante qui reprend cette idée. Les *daityas* (êtres démoniaques) avaient vaincu les *devas* (dieux). Hiranyakashipu, roi des *daityas*, s'est déclaré dieu de l'univers tout entier. Il a interdit formellement et partout le culte du Seigneur Vishnu. Désormais, on ne pouvait vénérer qu'Hiranyakashipu. Hiranyakashipu avait un fils, Prahlad. Depuis sa plus tendre enfance, Prahlad vénérait Vishnu. Ses professeurs avaient reçu des consignes strictes pour que le garçon n'entende jamais le nom du Seigneur. Mais grâce à la connaissance et à la dévotion qui grandissaient naturellement en lui, le petit Prahlad adorait tout de même Vishnu et, en plus, il apprenait aux autres garçons à adorer le Seigneur.

Quand Hiranyakashipu l'a appris, il a fait venir Prahlad. Même face à son terrifiant père, l'enfant répétait encore et encore que Vishnu était le Seigneur de l'univers. En rage, le roi a ordonné qu'on tue le garçon. Les *daityas* l'ont frappé avec leurs armes, mais Prahlad était tellement absorbé dans ses pensées pour Vishnu qu'il n'a ressenti aucune douleur.

Le roi a alors ordonné qu'il soit tué de différents moyens, tous épouvantables. Il a été piétiné par un éléphant. Mais en vain. Il a été jeté du haut d'une falaise. Mais comme Vishnu était dans le cœur de Prahlad, il s'est déposé doucement comme une fleur sur l'herbe. Pour tuer l'enfant, les *daityas* ont essayé bien des méthodes : le poison, les serpents, le feu, la famine, être jeté dans un puits, la magie noire. Rien n'y a fait. Rien ne l'a blessé parce que Vishnu résidait dans son cœur.

Ne sachant que faire, Hiranyakashipu a fait venir Prahlad dans sa salle du conseil. Il lui a demandé, *kaste bala* : « Petit, qui est-ce qui te donne ta force ? »

La réponse de Prahlad est un message essentiel pour chacun de nous :

Cent Pots

balaṁ me vaikuṇṭhas-tava ca jagatāṁ cāpi sa balaṁ sa eva trailokyaṁ sakalam-iti dhīro'yam-agadhīt

Non seulement pour moi, mais pour vous et pour tout ce monde, et même pour les trois mondes[24], le Seigneur Vishnu est la force[25].

Qu'est-ce qui a donné à Prahlad la force de résister à toutes les difficultés extrêmes qu'il a rencontrées ? C'est son amour, sa détermination et sa foi inébranlable que le Seigneur Vishnu existait en lui.

Prahlad, le jeune dévot du Seigneur Vishnu, était absolument convaincu que son Seigneur était toujours présent, c'était sa force. Comme le dit Amma : « Nous existons en Dieu. Chaque atome est rempli de la présence de Dieu. Nier l'existence de Dieu c'est comme dire : « je n'ai pas de langue » avec sa propre langue. »

Une amie m'a raconté son échange avec Amma. Lors d'une séance de questions-réponses aux États-Unis, Amma avait comparé le *jīva* (l'âme) à un ballon. Le *jīva* doit continuer à s'élever jusqu'à ce qu'il atteigne le but de la vie, la réalisation de son unité avec le divin. Mon amie est allée voir Amma pendant le darshan et lui a demandé : « Mais Amma, comment mon ballon va-t-il s'élever et atteindre le but ? Je ne sais pas si j'en ai la force, c'est tellement difficile, et il y a tellement de chemin à parcourir ! »

Amma l'a regardée avec amour et a dit : « Ma fille, ne t'inquiète pas. Je suis l'hélium dans ton ballon ! »

On peut tous essayer de prendre à cœur ce qu'Amma lui a dit : il ne faut pas s'inquiéter, car le divin est l'hélium de notre ballon. Quand Amma dit « je », elle ne parle pas d'elle-même

---

[24] Monde physique, monde inférieur et monde céleste.
[25] Bhagavad Gita 13.14.

Trouver la foi en soi

en tant qu'individu. Amma parle de la divinité qui réside en chacun de nous.

Dans le sanatana dharma, le guru n'a qu'un but : nous aider à comprendre qui nous sommes vraiment. Amma nous rappelle souvent qu'elle n'est pas séparée de nous. On voit une différence parce qu'on n'a pas encore réalisé qu'on ne fait qu'un avec le divin. Le Soi d'Amma est le même que celui qui est en chacun de nous. C'est juste qu'elle le sait, elle, alors que nous, on ne le sait pas. Amma dit : « Ayez foi en vous-mêmes. Ayez foi dans le divin qui est en vous. » On pense parfois qu'avoir foi dans le guru, c'est dépendre de quelque chose d'extérieur à soi. En réalité, cette foi nous amène en fin de compte à un état d'indépendance totale. C'est un outil qui nous aide à dépasser nos limites, à passer du petit « moi » au « moi » omniprésent, à l'existence pure. Notre lien avec le guru nous fait comprendre que nous sommes parfaits et que le guru, le divin, était en nous depuis le début.

Amma dit : « Il faut essayer d'avoir la foi que Dieu est toujours avec nous. Cette conscience nous donnera l'énergie et l'enthousiasme nécessaires pour surmonter tous les obstacles dans la vie. Il ne faut jamais perdre cet optimisme. »

Notre trésor : aimer Dieu

Quand on est enfant, on nous dit de ne pas trop jouer pour avoir du temps pour nos devoirs. Quand on aime l'art ou la musique, on nous oriente aussi vers des disciplines plus concrètes. Si on aime voyager, on nous dit de ne pas trop en faire ; on doit aussi se poser, avoir un travail, une famille, etc. On aime les glaces, mais si on en mange trop, on tombe malade. C'est bien d'aimer les gens, mais il faut faire attention à ne pas trop s'attacher, sinon on risque d'en souffrir plus tard. Tout cela est peut-être vrai. Mais il y a une chose dans la vie à laquelle on peut se donner librement, pleinement, sans crainte et en toute confiance. C'est le fil rouge qu'on retrouve dans les écrits des mystiques de toutes les traditions religieuses. C'est la chose la plus précieuse dans la vie.

Elle procure une telle joie que toutes les autres joies pâlissent en comparaison. Qu'est-ce que c'est ? C'est l'amour du divin, l'amour de Dieu.

Amma dit : « Tout ce qui tombe dans le sucre devient sucré. De la même manière, puisque Dieu est la béatitude, notre proximité avec Dieu nous donne la béatitude. Prenez refuge en Dieu et vous aurez tous les bénéfices spirituels et matériels. »

On a tous en nous une étincelle d'amour pour Dieu, car Dieu est notre vraie nature. Il ne se limite pas à l'amour d'une représentation formelle de Dieu. L'amour pour Dieu peut se manifester par une dévotion envers le divin sous la forme de la nature, de la beauté ou de la compassion. On peut toucher du doigt le divin en écoutant un beau morceau de musique ou en passant du temps dans la nature. Notre amour pour Dieu est l'expression de notre désir de connaître notre véritable essence, notre désir de nous connaître nous-mêmes. C'est l'expression de notre aspiration à retourner à notre source. On n'a peut-être qu'un aperçu passager de ces manifestations du divin, mais on peut essayer d'attiser la flamme. Pas d'overdose ni d'effets secondaires dangereux.

Lorsque l'amour pour Dieu devient notre priorité, tous les aspects de notre vie s'améliorent. C'est ce qu'Amma indique lorsqu'elle dit qu'on aura tous les bénéfices matériels si on fait confiance à Dieu. Notre lien avec le divin s'exprime de deux façons. La première : *pūjā-manobhava* (faire chaque action avec une attitude d'adoration). La deuxième : *prasāda-buddhi* (accepter ce qui nous arrive comme venant de Dieu). Ces deux changements de perspective nous rendent meilleurs dans tout ce qu'on fait, dans tous nos rôles. On sera un meilleur ami, un meilleur parent, un meilleur fils ou une meilleure fille. On sera une meilleure infirmière, un meilleur homme d'affaires, un meilleur enseignant, un meilleur agent d'entretien ou un meilleur ingénieur. Cet amour s'exprimera dans toutes nos actions et rendra notre vie plus épanouie et plus belle.

Comment faire pour mettre l'amour de Dieu au centre de notre vie ? On peut s'inspirer de Shabari[2], la grande dévote du Seigneur Rama.

Alors qu'ils errent dans la forêt à la recherche de Sita, Rama et Lakshmana tombent sur un petit ermitage niché dans la forêt. Shabari les accueille, leur offre des guirlandes et s'agenouille aux pieds de Rama, des larmes coulent sur ses joues. Les frères s'assoient sur des nattes en herbe qu'elle a soigneusement disposées pour eux. Avec amour, Shabari place des fruits disposés sur une feuille devant Rama et Lakshmana. L'ermitage est impeccable. Il est décoré de toutes sortes de fleurs et un parfum délicieux flotte dans l'air.

Pourquoi Shabari s'était-elle préparée à l'arrivée de Rama ? Avant de quitter son corps, son guru, Matanga Rishi, lui avait dit qu'un jour le Seigneur Rama viendrait. « Attends ici », lui avait-il dit. « Rama viendra te voir dans ta petite hutte ! Sers-le avec beaucoup d'amour. »

Il avait bien dit que Rama viendrait, mais il n'avait pas dit quand. Pendant 13 ans, Shabari s'attendait à ce que Rama vienne n'importe quand, n'importe quel jour. Pendant 13 ans, elle a quotidiennement nettoyé l'ermitage en pensant au bien-être de Rama. Chaque jour, elle a balayé avec amour le chemin menant à l'entrée de la hutte. Chaque jour, elle a cueilli les plus belles fleurs, a confectionné de magnifiques guirlandes pour Rama et décoré la hutte. Chaque jour, elle a ramassé les meilleurs fruits et baies, en sachant que ce serait l'occasion de le nourrir de ses propres mains. Chaque nuit, Shabari s'est allongée par terre, avec les mots de son guru en tête : « Rama va venir ! Sers-le avec amour. »

Son immense amour l'a amenée à attendre encore et encore, sans savoir combien de temps cela durerait. Et maintenant, les larmes coulent sur ses joues, Shabari contemple le visage radieux de son Seigneur, elle boit sa beauté ; sa vie est comblée.

Pendant ces 13 années d'attente, chacun des gestes de Shabari est devenu un acte d'adoration. C'est pour ça que ses actions étaient si parfaites. Nous aussi, on peut donner de la beauté et de la grâce à nos actions. Pour cela, Amma nous enseigne de tout faire avec *pūjā-manobhāva* (une attitude d'adoration).

Amma dit mot pour mot que « l'amour est un *mahā-mantra*. C'est un mantra qui donne la force de faire face à n'importe quel problème. Mais ce n'est pas un mantra à réciter avec les lèvres. Il faut le réciter avec le cœur. »

On ne peut pas transformer son cœur en un temple magnifique du jour au lendemain ; mais on peut le construire

Trouver la foi en soi

progressivement, pas à pas. On peut essayer de tourner son mental vers le divin. Dans cette démarche, aucun effort n'est perdu ; chaque acte d'amour, chaque acte de compassion est une pierre de plus posée pour construire notre temple. Chaque mantra, chaque moment de pleine conscience, chaque prière est une fleur déposée devant le sanctuaire.

Amma dit : « Votre cœur est le vrai temple. Vous devez y installer Dieu. Les bonnes pensées en sont les fleurs à offrir ; les bonnes actions en sont l'adoration ; les bonnes paroles en sont les hymnes. L'amour est l'offrande divine. »

7

Suivre l'exemple de la nature

Selon le sanatana dharma, l'univers fonctionne sur la base du *yajña*, le principe de l'offrande. Autrement dit, les animaux, les êtres humains, les plantes, toutes les entités de la création, sont des parties intégrantes du tout. Ainsi, l'équilibre et l'harmonie du macrocosme dépendent de la coopération mutuelle de tous les éléments du microcosme qui le composent. Ce principe est également mentionné dans la philosophie de l'écologie. L'idée, c'est que la nature n'est pas simplement une ressource à utiliser par les humains, mais qu'elle a une valeur inhérente qui doit être honorée. À l'heure actuelle, nous, les êtres humains, sommes l'élément dissonant dans ce cycle du donner et du recevoir réciproque. L'avenir doit passer par un changement profond de notre attitude à l'égard de la nature et de la manière dont nous la traitons.

La nature, notre mère

On connaît l'histoire de Sita. Sita est née directement de la Terre. Le roi Janaka l'a trouvée dans un sillon alors qu'il labourait un champ lors d'un rituel védique. À la fin du Ramayana, on la voit retourner à la Terre mère. Sita prie :

me mādhavī devī vivaraṁ dātum arhati

Que la Déesse de la Terre me fasse une place [26].

La Déesse de la Terre apparaît et accueille Sita, elle la prend par la main et lui souhaite la bienvenue.

Il faut se rappeler que Sita n'est pas la seule fille de la Terre Mère ; en réalité, chacun d'entre nous est son enfant. Amma dit : « La nature est notre première mère. Elle nous nourrit tout au long de notre vie. Notre mère biologique nous laisse nous asseoir sur ses genoux pendant quelques années, mais Mère Nature supporte patiemment notre poids pendant toute notre vie. Elle chante pour nous endormir, nous nourrit et nous caresse. »

En psychologie, on sait que si un enfant est séparé de sa mère à un jeune âge, il subit des dommages émotionnels : un sentiment d'incomplétude, un sentiment de perte. On retrouve ce même sentiment d'incomplétude en nous parce qu'on a oublié le lien profond qui nous unit à la nature. On ne s'en rend peut-être pas compte parce qu'on a complètement oublié qu'on fait partie de la nature. Cela renforce notre sentiment d'isolement. Comme le dit Amma : « Nous ne sommes pas des îles isolées ; nous sommes tous les maillons d'une chaîne. Et cette chaîne ne

---

[26] Ramayana, Uttarakanda 97.14.

nous relie pas seulement aux autres êtres humains. Elle nous relie à l'univers tout entier. »

Quand on a diagnostiqué une MND (maladie du motoneurone) chez ma grand-mère, toute la famille était dévastée. La maladie a progressé et, au bout de deux ou trois ans, elle a eu besoin de plus d'aide. Mon grand-père et elle ont déménagé dans un appartement d'une résidence pour personnes âgées accessible aux fauteuils roulants. Ça a été une période difficile pour mon grand-père, qui était le premier aidant de ma grand-mère. Il l'aidait de son mieux dans toutes ses activités quotidiennes. Au bout d'un certain temps, il s'est senti épuisé physiquement et émotionnellement déprimé. Devoir satisfaire les besoins de sa femme et essayer d'accepter l'idée de la perdre a commencé à peser sur lui.

Un jour, il a remarqué le cimetière dans la rue. Il a eu une idée. Il est allé dans une jardinerie et a acheté des bulbes de fleurs. Il a choisi des bulbes de crocus violets, orange et blancs qui donneraient de la couleur tout en s'harmonisant avec la végétation sauvage du cimetière. Dès le lendemain, il s'est mis au travail. Il est allé au cimetière et s'est mis à genoux, ses genoux de 80 ans, et il a commencé à planter. Il s'est entièrement plongé dans son nouveau projet de jardinage. Il ne pouvait pas laisser ma grand-mère seule longtemps, mais il se faisait un devoir d'y aller tous les jours et il adorait chaque moment passé à travailler la terre et à planter les bulbes. Cela lui a pris beaucoup de temps, car il en a vraiment planté des centaines. Au bout de quelques mois, des bourgeons ont commencé à pousser. Bientôt, les fleurs ont commencé à fleurir, à sa grande joie et à celle des passants.

Le temps que mon grand-père passait dans son nouveau petit jardin le revigorait. Il revenait chez ma grand-mère avec un regain d'enthousiasme. Le lien qu'il ressentait avec la nature, en creusant la terre, en plantant les bulbes et en s'en occupant,

Suivre l'exemple de la nature

l'a aidé à garder une attitude positive pendant cette période difficile.

Un jour, j'ai discuté avec une résidente de l'ashram qui travaille dans un de nos jardins. Elle m'a dit qu'ils allaient souvent voir Amma pour obtenir des conseils concernant leur seva. Le conseil le plus fréquent d'Amma était d'aimer les plantes. Amma nous dit souvent : « Embrassez les plantes, parlez-leur. » Les plantes ne sont pas les seules à profiter de ces vibrations d'amour, nous aussi, nous en profitons. Notre cœur s'ouvre à la nature. C'est une façon pour nous de nous rappeler notre lien à la nature.

Amma dit : « Lorsque nous, les êtres humains, tombons amoureux de la nature, elle tombe amoureuse de nous. Elle cessera de nous cacher des choses. Elle ouvrira son trésor infini de richesses et nous permettra d'en profiter. Comme une mère, elle nous protégera, nous soignera et nous nourrira. Regardez la beauté de la nature. Le simple fait de vivre en harmonie avec la nature nous apporte le bonheur et la satisfaction. »

La directrice de l'une des écoles primaires de l'ashram m'a raconté qu'elle avait demandé à tous les enfants de planter un jeune arbre et de lui donner un nom. Chaque matin, les enfants ont appris à arroser leur arbre et à en faire le tour avec révérence. Le dernier jour avant les vacances, elle a entendu plusieurs enfants dire à leur plante : « Pendant les vacances, je ne serai pas là pour t'arroser. Mais ne sois pas triste. Je reviendrai dans deux mois. Ne pleure pas. » Personne ne leur a dit de le faire, ils ont exprimé spontanément leur lien à leur arbre. Le simple fait de planter un arbre a donné à ces enfants un sentiment authentique de connexion avec la nature.

On peut planter des légumes et des arbres. Si on n'a pas de jardin, on peut au moins avoir une plante en pot à la maison. On peut encourager nos enfants à passer du temps dehors, les laisser courir pieds nus dans le sable et jouer sous la pluie. Même si on vit en ville, on peut rechercher la nature qui s'y trouve au milieu de l'agitation urbaine. On peut mettre des graines et de l'eau sur le bord de nos fenêtres pour les oiseaux.

En essayant d'éveiller notre lien avec la nature, on peut profondément expérimenter la vérité védique :

mātā bhūmiḥ putro'ham pṛthivyāḥ

La Terre est ma mère et je suis son enfant[27]

---

[27] Ces mots sont adressés par Bhishma à Yudhishthira dans le Mahabharata.

La persévérance de la nature

Le monde trébuche de crise en crise. On a connu une pandémie mondiale, de l'incertitude économique, des conflits, des troubles politiques et sociaux et des catastrophes naturelles. Bien sûr, on vit aussi des traumatismes personnels, comme la perte d'un être cher, le déclin de la santé, le chômage, le divorce, les agressions criminelles et les accidents tragiques. Que la perturbation de notre vie vienne d'une catastrophe mondiale ou d'une tragédie personnelle, ou les deux, ces moments difficiles peuvent peser lourdement sur notre bien-être.

Comment conserver notre force et notre courage dans des situations aussi difficiles ? Comment rester optimiste quand il semble parfois qu'il n'y a pas de lumière au bout du tunnel ?

Amma dit : « La nature est un livre d'école dont nous devons tirer les leçons. Chaque objet dans la nature est une page du livre. Chaque objet dans la nature nous enseigne quelque chose. » Tournons-nous vers la nature pour apprendre à persévérer et à ne pas perdre espoir.

Un jour, près de la cuisine de l'ashram, une amie a planté deux bananiers. Au bout d'une semaine, une pousse verte est sortie de terre. J'ai commencé à venir la voir tous les jours et j'ai été émerveillée de la vitesse à laquelle elle poussait. Une semaine plus tard, elle mesurait près d'un mètre de haut ! Et un jour, j'ai remarqué qu'une pousse verte sortait de la deuxième plante. J'ai pensé que ma famille serait surprise de voir à quelle vitesse elle poussait. Il n'y a pas de bananiers en Angleterre et, en général, les plantes y poussent beaucoup plus lentement.

Chaque semaine, je leur envoyais une photo de ce deuxième bananier. Ils aimaient suivre ses progrès. Mais au bout de quelques semaines, j'ai vu que la plante était couverte de fourmis. À partir de ce moment-là, sa croissance a ralenti. On aurait dit qu'elle essayait de se défendre, elle ne grandissait mais au moins elle ne mourait pas. Mon amie a essayé différentes choses pour chasser les fourmis. Elle a déplacé la plante et a remarqué qu'il n'avait pratiquement pas de racines. Elle a mis de la poudre de curcuma autour pour éloigner les fourmis, mais malgré tous ses efforts, elles revenaient à l'attaque avec force.

Elle n'avait pas vraiment d'espoir que le jeune arbre survive. J'ai arrêté d'envoyer des nouvelles à ma famille. Je ne voulais pas leur annoncer de mauvaises nouvelles alors que la situation mondiale était déjà assez sinistre comme ça pendant la pandémie de covid. Les mois ont passé et le petit bananier est resté à la même taille, environ 30 centimètres. Ses rares feuilles étaient jaunâtres et flétries. Pendant ce temps, sa sœur aînée était devenue presque aussi grande que moi.

Soudain, un jour, on a remarqué qu'une nouvelle feuille verte et forte poussait. La petite plante avait gagné. Elle a recommencé à pousser. Elle était de nouveau en bonne santé et ses feuilles vertes et vigoureuses s'étiraient vers le ciel. On était tous ravis. Quelle leçon donnée par cette plante ! Une leçon de persévérance, une leçon d'espoir. Inutile de dire que j'ai recommencé à envoyer des photos à ma famille. Amma dit : « La vie est remplie de la lumière de Dieu, mais ce n'est que grâce à l'optimisme que vous ferez l'expérience de cette lumière. Regardez l'optimisme de la nature. Rien ne peut l'arrêter. Chaque aspect de la nature contribue inlassablement à la vie. La participation d'un petit oiseau, d'un animal, d'un arbre ou d'une fleur est toujours parfaite. Quelles que soient les difficultés, ils poursuivent leurs efforts de tout leur cœur. »

Suivre l'exemple de la nature

Je vais vous partager un autre incident. Dans le cadre d'un projet d'extension de la cuisine de l'ashram, on devait poser un toit en tôle au-dessus d'un espace découvert. Il y avait un arbre dans cet espace. Amma tenait absolument à ce qu'on ne coupe pas l'arbre. La tôle a donc été posée autour de l'arbre. Un trou a été fait dans la tôle pour que le gros tronc puisse passer à travers. La plupart des branches de l'arbre étaient hautes, bien au-dessus de la tôle. Mais on a dû couper les branches du bas.

Ce qui s'est passé dans les mois suivants est devenu une source d'inspiration pour nous tous dans la cuisine. Naturellement, les branches les plus hautes de l'arbre, celles au-dessus du toit métallique, ont continué à pousser. Mais deux nouvelles branches ont aussi poussé sous la tôle ondulée, c'est-à-dire à l'intérieur de l'espace de stockage de la cuisine. Ces branches ne recevaient pas de lumière directe du soleil, mais elles ont donné des feuilles d'un vert éclatant. Chaque matin, en arrivant à la cuisine, j'étais accueillie par leur message d'espoir.

Voici une autre anecdote de l'époque où je travaillais dans la cuisine, qui nous apprend une leçon de la nature. L'une de mes tâches consistait à faire germer les haricots mungo. Chaque jour, avant de faire tremper les haricots, je les triais, je vérifiais qu'ils n'étaient pas cassés et qu'il n'y avait pas de cailloux. Un matin, en retirant le couvercle qui recouvrait les germes, j'ai vu un haricot cassé qui m'avait échappé la veille. Je l'ai ramassé et j'ai été étonnée par ce que j'ai vu : ce n'était qu'une moitié de haricot, mais elle avait développé un germe qui semblait aussi sain que celui des haricots entiers. Un petit haricot peut devenir une plante, même s'il est fendu ou abîmé. C'est une leçon pour nous, pour garder espoir même lorsque notre vie semble brisée, pas vrai ?

Amma dit : « Regardez comme la nature surmonte facilement les obstacles. Si une pierre bloque le passage d'une petite fourmi, la fourmi la contourne et poursuit son chemin. S'il y a un rocher à l'endroit où pousse un arbre, l'arbre pousse tout simplement autour du rocher. De la même manière, la rivière contourne le tronc qui bloque son passage. Nous aussi, nous devons apprendre à nous adapter à toutes les circonstances de la vie, et à surmonter les obstacles avec patience et enthousiasme. »

> *chinnopi rohati taruḥ kṣīṇopyupacīyate punaścandraḥ iti vimṛśantaḥ santaḥ santapyante na viplutā loke*
>
> Bien qu'abattu, l'arbre repousse ; bien que descendante, la lune recommence à monter ; les sages en tiennent compte et ils ne sont pas perturbés en ce monde lorsqu'ils sont confrontés à des difficultés[28].

Dans les moments difficiles, Amma dit et répète à ses dévots du monde entier : « Ne perdez pas courage, ne perdez pas courage. » En s'inspirant de la nature, on peut apprendre à garder courage. On peut s'inspirer du petit bananier qui a tenu bon pendant des mois malgré les attaques de fourmis. On peut s'inspirer de l'arbre qui a fait pousser de nouvelles branches et de nouvelles feuilles même après avoir perdu plusieurs branches et son accès à la lumière du soleil. On peut apprendre du haricot mungo cassé qui a été capable de germer. Comme le dit Amma : « La victoire est assurée lorsqu'il y a de l'espoir et des efforts. »

---

[28] Bhartrihari Nitishatakam.

Honorer la nature

C'était la saison des pluies à Vrindavan. Les villageois avaient prévu d'accomplir un *yajña* (rituel de sacrifice) pour plaire à Indra, le roi des dieux. Ils ont nettoyé tout le village et l'ont décoré de lumières et de fleurs. Voyant toute cette agitation, le petit Krishna a demandé à son père, Nanda : « Père, que cherches-tu à gagner avec le *yajña* ? Quel *deva* (dieu) veux-tu adorer ? »

Nanda a répondu : « Indra est le Seigneur de la pluie, le maître des nuages. Nous devons lui faire plaisir grâce à notre *yajña*. S'il n'y a pas de pluie, notre terre sera sèche et nos champs stériles. »

Le petit Krishna protesta : « Non, père, ce n'est pas le Seigneur Indra mais la montagne Govardhana qui est notre amie et notre bienfaitrice. C'est elle que nous devons remercier. »

De nombreux villageois s'étaient rassemblés. Krishna insista : « La montagne interagit avec les nuages pour faire tomber les pluies sur Vrindavan. C'est la montagne qui nous donne des herbes médicinales et purifie notre eau. Elle donne de la bonne herbe à nos vaches, ce qui nous permet d'avoir du lait nourrissant. Notre vie dépend beaucoup de cette montagne. Je dis que vous ne devriez pas faire le *yajña* en l'honneur d'Indra, vous devriez le faire en l'honneur de nos vaches et de la grande montagne Govardhana. »

Les villageois ont suivi les instructions de Krishna avec enthousiasme. Avec amour et foi, ils ont offert toutes sortes de mets délicats à la montagne, selon les pratiques traditionnelles d'adoration. Krishna s'est prosterné devant la montagne

Govardhana et les villageois l'ont imité. Puis, ils sont rentrés chez eux, le cœur comblé et satisfait.

En voyant les villageois adorer la montagne au lieu de lui, Indra est devenu furieux. Il a appelé de terribles nuages de dévastation et leur a ordonné de déverser des torrents de pluie et des orages sur Vrindavan. Le tonnerre et les éclairs déchiraient le ciel. Des pluies torrentielles tombaient. Terrifiés et trempés, tous les villageois et les animaux se sont rassemblés autour de leur seul refuge, de leur seul espoir, Krishna. Rapidement, le Seigneur Krishna a soulevé la montagne entière. Il s'est mis à grandir et a soulevé la montagne avec grâce, comme un éléphant tient une fleur de lotus avec sa trompe. Il a ensuite appelé : « Père Nanda, mère Yashoda, tous les habitants de Vrindavan ! Amenez vos enfants et vos troupeaux, venez sous la montagne et mettez-vous à l'abri de l'orage ! »

Les vachers ont mis toutes leurs affaires sur leurs charrettes. Avec leurs familles et leurs animaux, ils sont entrés, l'un après l'autre, dans le sanctuaire protecteur. Pendant sept jours et sept nuits, la tempête d'Indra a fait rage autour d'eux. C'était en vain ; tous les habitants de Vrindavan étaient en sécurité sous la montagne Govardhana. Finalement, Indra a reconnu la nature divine de Krishna. Il a admis sa défaite, s'en est allé en retirant ses nuages.

En quelques minutes, la pluie s'est arrêtée et le ciel s'est éclairci. Le soleil s'est remis à briller. Les vents violents se sont calmés. Krishna a dit aux vachers : « Sortez maintenant, mes amis, il n'y a plus rien à craindre. Il n'y a plus rien à craindre. » Les villageois sont tous sortis de sous la montagne. Les gens, mais aussi les vaches, les cerfs, les écureuils, les chèvres, les oiseaux ; de nombreuses créatures avaient trouvé refuge dans le sanctuaire de la protection de Krishna. Tout le monde célébrait

Suivre l'exemple de la nature

en chantant et en dansant, débordant de joie et d'amour pour leur jeune vacher.

Cette histoire est très intéressante, surtout maintenant que les gens ont très peu d'amour et de respect pour la nature. En adorant la montagne Govardhana, Krishna nous a transmis un message profond. Il nous a montré que la présence de Dieu rayonne dans chaque aspect de la nature : les montagnes, les rivières, les arbres, les plantes, les fleurs et les animaux. Donc, pour vénérer Dieu, on doit honorer la nature et en prendre soin. On doit se rappeler à quel point on est dépendant de la nature.

Amma dit : « L'air que nous respirons, l'eau que nous buvons, la nourriture que nous mangeons, la maison dans laquelle nous dormons, le soleil qui nous donne de l'énergie : nous sommes redevables à la nature pour tout cela. Notre vie sur cette Terre n'est possible que grâce à l'effort collectif de toutes ses créatures. Les rivières, les arbres, les abeilles, les papillons et les vers jouent tous un rôle. S'ils n'existaient pas, nous n'existerions pas. Il n'y aurait pas de vie. »

Amma poursuit : « En plus de nos efforts pour protéger et préserver la nature, nous devrions également développer de l'amour et de la vénération pour la nature. Nos ancêtres vénéraient les forces de la nature, même les serpents venimeux. »

Dans les années 1980, en raison de l'abattage aveugle des arbres, Attappadi[29], au Kerala, est devenu complètement désertique. Attristés de voir cette tragédie, la poétesse Sugathakumari et quelques autres ont décidé de reboiser une colline de la région. Ils l'ont baptisée Krishnavanam. Des bénévoles et des membres des communautés tribales, ont travaillé côte à côte pour planter un arbuste après l'autre. Aujourd'hui, Krishnavanam regorge de verdure et d'animaux sauvages. C'est un exemple du potentiel des efforts humains : l'initiative d'une ou deux personnes en a

---

[29] District de Palakkad.

inspiré d'autres. Tous les efforts individuels se sont conjugués pour apporter un changement remarquable.

Comment cultiver un esprit de respect et de prière à l'égard de la nature et le matérialiser dans nos actions ? Amma insiste notamment sur l'importance d'apprendre aux enfants à aimer et à respecter la nature. On peut aussi essayer de prendre conscience de l'usage qu'on fait des ressources naturelles en essayant de n'utiliser que ce dont on a besoin. On peut essayer de se souvenir d'avoir de la gratitude pour ce qu'on reçoit de la nature. On peut avoir l'impression que nos petits efforts ne servent à rien. Mais ce n'est pas vrai. Si on se serre les coudes, tous nos petits efforts peuvent se conjuguer pour faire changer les choses. Nos actions peuvent inspirer d'autres personnes à se mobiliser, comme les villageois de Vrindavan qui se sont inclinés avec Krishna devant la montagne Govardhana.

Amma dit : « La nature est un élément indispensable de la vie sur Terre. Tout dépend de la nature pour vivre. Nous ne sommes pas séparés de la nature ; nous en sommes une partie interdépendante. Notre vie dépend du bien-être de l'ensemble. C'est pourquoi l'un de nos principaux devoirs est de s'occuper avec amour de tous les êtres vivants. La nature est la forme visible de Dieu que nous pouvons voir et expérimenter par nos sens. En aimant et en servant la nature, nous adorons Dieu directement. Essayons de ranimer cette attitude. »

La véritable ahimsa (non-violence)

Voici ce que Bhishma a dit à Yudhishthira, après la guerre du Mahabharata :

ahiṁsā paramo yajñaḥ tathāhiṁsā paramaṁ balam
ahiṁsā paramaṁ mitram ahiṁsā paramaṁ sukham

Ahimsa est le plus grand sacrifice ; *ahimsa* est la plus grande force.
Ahimsa est le meilleur ami, et *ahimsa* est le plus grand bonheur[30].

Depuis toujours, je me considère comme quelqu'un qui pratique l'*ahimsa*. J'aime les animaux et les oiseaux. Je me promène souvent sur la terrasse de l'immeuble où j'habite et j'aime observer les corbeaux. Chacun d'entre eux a sa propre personnalité et son propre caractère. Mais un jour, un corbeau s'est approché très près de moi et a poussé ma tête avant de s'envoler à nouveau. J'ai été complètement surprise. C'était évidemment un acte de protestation, comme s'il était mécontent que je me trouve dans « son » espace. Il s'est perché sur la rambarde à côté. Je l'ai regardé, choquée : « Tu ne comprends pas que je suis une amie, pas une ennemie ? »

J'y ai réfléchi. J'ai pensé à la façon dont Amma se comporte avec les animaux et j'ai compris que mon ahimsa n'était pas une véritable *ahimsa*. En fait, le sentiment de bonté qu'on ressent à l'égard des animaux et des oiseaux

---

[30] Ces mots sont prononcés par Bhishma à Yudhishthira, dans le Mahabharata.

est superficiel parce que notre vision du monde est telle que les animaux sont distincts de nous. Notre vision du monde est égocentrique et notre sens du « je » s'arrête à nous et à notre propre esprit. Il y a nous et il y a le reste du monde. Le sentiment du « je », l'ego, constitue une barrière. Par conséquent, l'amour qu'on ressent pour les autres est limité ; le « moi » passe toujours en premier. Ce « moi » occupe toujours la première place dans nos mondes individuels. Il en va tout autrement pour Amma. Amma incarne l'idéal le plus élevé d'*ahimsa* parce qu'elle voit la création entière, avec tous ses oiseaux, ses animaux et ses plantes, comme faisant partie d'elle-même. Il n'y a pas de barrière ni de séparation.

Amma dit : « Une personne qui est devenue une avec la conscience suprême voit la nature comme Dieu. Elle ne perçoit pas la nature comme étant séparée. Elle aime véritablement la nature. Lorsqu'il n'y a pas de mental ni d'ego, vous ne faites qu'un avec toute l'existence. Lorsque vous ne ferez qu'un avec la création, lorsque votre cœur ne sera rempli que d'amour, toute la nature sera votre amie et vous servira. L'univers, avec tous ses êtres, est votre ami. »

Ces mots se reflètent dans toutes les actions d'Amma. Nous pouvons le constater dans ses interactions avec les animaux et les oiseaux. Cela me rappelle un incident qu'un ami m'a raconté. C'était pendant la tournée d'Amma aux États-Unis. Il se tenait à côté du fauteuil de darshan[31] d'Amma et traduisait les questions des dévots. À un moment donné, il a remarqué qu'Amma avait interrompu le darshan. Elle était en train d'enlever soigneusement quelque chose sur une fleur que quelqu'un lui avait donnée. Mon ami s'est approché pour voir. Amma lui a montré un petit insecte qui se trouvait maintenant sur sa main.

---

[31] Dans le cas d'Amma, le darshan est l'étreinte individuelle qu'elle donne à ceux qui viennent la rencontrer.

Suivre l'exemple de la nature

Elle a ensuite placé la créature sur un morceau de mouchoir en papier. Amma a ensuite soigneusement enveloppé l'insecte dans le mouchoir en papier, lui donnant ainsi une protection rembourrée. Lorsqu'elle a fini de l'envelopper, Amma a tendu doucement le petit paquet plié à mon ami. Elle lui a dit : « Mon fils, va le mettre dehors, à côté des plantes. Si tu le mets dans les parages, avec un peu de chance, il pourra rejoindre les membres de sa famille. »

Alors qu'il accomplissait cette tâche, il a été impressionné par la compassion d'Amma à l'égard de toutes les créatures. Avec quel soin et quelle attention elle avait enveloppé cette petite créature, qui plus est, au beau milieu d'un darshan avec beaucoup de monde ! La façon dont Amma s'est occupée de l'insecte ce jour-là fait penser à un verset du Srimad Bhagavatam :

mṛgoṣṭra-khara-markākhu-sarīsṛp-khaga-makṣikāḥ
ātmanaḥ putravat paśyet taireṣām antaraṁ kiyat

On devrait considérer les animaux tels que les cerfs, les chameaux, les ânes, les singes, les souris, les serpents, les oiseaux et les mouches comme nos propres enfants. Quelle différence y a-t-il entre ces créatures et nos propres enfants[32] ?

Une résidente de longue date de l'ashram, originaire du Tamil Nadu et aujourd'hui octogénaire, m'a raconté que, chaque matin, sa mère dessinait un *kōlam* devant l'entrée de leur maison. Le *kōlam* est une forme d'art décoratif qui, à l'époque, était dessiné avec de la farine de riz. Son dessin géométrique est censé accueillir Lakshmi (la déesse de la prospérité) et chasser les mauvais esprits. De nos jours, ces dessins sont réalisés avec de la poudre de pierre ou de craie. La tradition d'utiliser de la

---

[32] Srimad Bhagavatam 7.14.9.

farine de riz n'embellit pas seulement l'entrée de la maison, son utilisation traditionnelle en fait aussi une offrande alimentaire aux fourmis et à d'autres petites créatures. La dame, aujourd'hui âgée, se souvient d'avoir observé, enfant, les fourmis qui venaient se nourrir de l'offrande. Sa mère était douée pour dessiner des motifs complexes. Chaque matin, elle balayait ce qui restait du *kōlam* de la veille avant de dessiner un nouveau motif. Les dessins étaient encore plus élaborés les jours de fête. Dans le sanatana dharma, cette offrande matinale fait partie du *bhūta-yajña*, le rituel qui consiste à nourrir les animaux, les oiseaux et les insectes.

Amma dit : « Nous devons nous rappeler que tout est sensible. Tout est plein de conscience et de vie. Tout existe en Dieu. Il n'existe pas de « simple matière ». Seule la conscience existe. Il y a bien longtemps, les saints et les sages de l'Inde comprenaient cette grande vérité et ils menaient une vie de non-violence parfaite. »

Le monde est notre jardin

En janvier 2013, nous avons voyagé avec Amma dans le cadre de sa tournée en Inde. Ça faisait deux mois que le voyage progressait à un rythme rapide. De grandes foules, des darshans sans fin, de longs trajets en bus... Nous étions à la dernière étape, Calcutta. Amma est venue pour le programme habituel : enseignement, bhajans[33], méditation et, bien sûr, darshan. Le programme touchait à sa fin et Amma avait donné le darshan pendant 12 heures.

J'étais assise sur une chaise, je luttais pour rester éveillée. La journée avait été longue. J'attendais le départ d'Amma et j'avais hâte de dormir un peu après. Mais je me suis vite rendu compte qu'Amma avait un autre plan. Il y avait du vacarme au fond de la salle. « Sais-tu ce qui se passe là-bas ? », ai-je demandé à la personne assise à côté de moi. « Tu n'as pas entendu ? Après le darshan, Amma va aller nettoyer la route qui passe devant l'ashram. Tu ferais mieux de te préparer ; on va tous l'accompagner ! »

De fait, le vacarme au fond de la salle venait de la distribution des fournitures pour la campagne de nettoyage. Râteaux, pelles, gants, masques et sacs pour ramasser les déchets.

Quand la dernière personne a reçu le darshan, Amma est descendue de la scène. Elle est sortie directement de l'ashram pour aller sur la route. L'enthousiasme de l'atmosphère était si contagieux que je suis sortie de ma torpeur. Tout le monde a suivi Amma avec enthousiasme, les sacs vides à la main.

---

[33] Chants dévotionnels.

Cent Pots

Amma a mis des gants et un masque et s'est attaquée à la saleté accumulée au fil des ans le long de la route. Puis, pendant les trois heures qui ont suivi, environ 800 volontaires se sont joints à Amma pour nettoyer trois kilomètres de bord de route. C'était une vraie fête, une fête où on ramassait des ordures de toutes les formes, tailles et odeurs.

À la fin, un grand camion est arrivé pour ramasser tous les sacs de déchets qu'on avait ramassés et mis sur le bord de la route. Tout au long de la nuit, de nombreux voisins de l'ashram ont été tirés de leur sommeil par des rires et des cris de joie. On a vu plusieurs visages stupéfaits ! Imaginez leur surprise quand ils ont réalisé que la fête inhabituelle qui se déroulait dehors dans la nuit froide était celle de parfaits étrangers venus du monde entier pour nettoyer leur quartier ! Le lendemain matin, on a entamé le long voyage de retour vers le Kerala. On a tous apprécié de voir à la lumière du jour le résultat du travail de la nuit dernière. La route était impeccable. Voilà la grandeur d'Amma. C'est ce que les gens veulent dire lorsqu'ils affirment qu'elle « fait ce qu'elle dit ». Quelle meilleure façon d'enseigner que de donner l'exemple ?

À ce sujet, voici une anecdote à propos d'une petite fille qui vit aux États-Unis dans l'ashram d'Amma à Chicago. Elle a un lien très spécial avec Amma et prend les enseignements d'Amma très à cœur. Un jour, elle était avec ses parents au programme d'Amma à Détroit. Elle n'avait pas encore deux ans à l'époque. Amma allait de sa chambre vers le hall d'entrée. Elle a invité la petite fille à prendre l'ascenseur avec elle. Dans l'ascenseur, la petite fille a remarqué un déchet par terre. Elle a dit : « Ooh ! » et l'a montré du doigt à Amma. Elle s'est ensuite penchée pour le ramasser. C'était un emballage de bonbon et il était un peu collé au sol. Mais la petite fille n'allait pas le laisser là. Elle voulait absolument le jeter. Amma l'a regardée avec joie et a

Suivre l'exemple de la nature

dit : « Vous voyez, elle peut à peine marcher ou parler, mais elle se préoccupe beaucoup de Mère Nature ! Elle sait qu'il faut éliminer correctement les déchets ! »

Amma a été tellement impressionnée par l'amour de la nature et la conscience du dharma de cette petite fille que le lendemain, elle a raconté l'incident à tout le monde.

Amma dit : « Dès que nous nous réveillons le matin, nous nous brossons les dents. Il en va de même pour la propreté de l'environnement. C'est pour notre santé et notre bien-être. »

La relation entre l'humanité et la nature a perdu son harmonie. Il faut s'efforcer de la reconstruire. Certaines personnes peuvent se demander : « Quelle différence ça fait de ramasser quelques déchets ? » Mais en réalité, c'est très important. La pollution due à l'élimination irresponsable des déchets est un problème bien réel. Mais ce qui est encore plus important, c'est que le ramassage des déchets nous aide à changer de perspective. Chaque fois qu'on fait ce genre de choses, on prend conscience de notre responsabilité dans le bien-être de la Terre.

Plutôt que de limiter notre foyer aux quatre murs de notre maison ou aux limites de notre terrain, on doit élargir notre vision et voir le monde entier comme notre maison. Et quand on essaie de nettoyer notre environnement, on le rend plus agréable pour tout le monde. Ainsi, aucun effort n'est négligeable. Chaque action est un pas vers la construction d'une relation harmonieuse avec la nature, notre maison commune.

Amma dit : « On peut se demander si on a le pouvoir de rétablir l'équilibre perdu dans la nature. On peut se demander si nous, les êtres humains, ne sommes pas trop limités. Non, ce n'est pas le cas. Nous avons en nous un potentiel infini, mais nous sommes endormis et inconscients de notre propre force. Cette force se manifestera lorsque nous nous réveillerons intérieurement. »

Que peut-on faire ? On peut commencer chez soi. Au moins, on peut essayer de réduire les déchets qu'on produit. Faisons l'effort de les trier et de les recycler. Inspirés par l'exemple d'Amma, on peut s'efforcer de maintenir la propreté de notre quartier. Ensemble, pas à pas, reconstruisons une relation harmonieuse avec notre environnement commun.

8

Écouter et parler avec le cœur

Notre vie dans le monde se définit, en grande partie, par la manière dont on interagit avec les autres. Quelquefois, on écoute, les autres ou des enseignements spirituels, d'une oreille ou de façon distraite. Quelquefois, on parle sans aucune sensibilité ni conscience. La solution à ces deux problèmes, c'est d'essayer d'écouter et de parler avec le cœur. Si on réussit à être présent, humble, ouvert et aimant lorsqu'on communique, toutes nos interactions deviennent des occasions de grandir.

Śravaṇam - Recevoir la sagesse

Même après la fin de l'exil des Pandavas, les Kauravas ont refusé de leur rendre leur royaume, Indraprastha. Krishna a été envoyé comme messager à la cour des Kurus à Hastinapura. Il a essayé, une dernière fois, de faire comprendre l'importance de la paix au roi Dhritarashtra.

La seule intention du Seigneur Krishna était de faire régner la paix et la sécurité. Il a été accueilli en grande pompe à Hastinapura. Krishna a pris la parole devant l'assemblée et s'est exprimé avec compassion et amour. Il a averti les Kauravas de la catastrophe qui se produirait en l'absence d'un accord pacifique. Il a conseillé à Duryodhana de trouver un compromis avec les Pandavas qui voulaient faire la paix.

Il a dit à Duryodhana : « Si tu fais la paix avec tes cousins, Yudhishthira te fera prince héritier de Hastinapura. Et à la mort de ton père, tu seras le roi des Kurus. Les Pandavas se contenteront d'Indraprastha et ne représenteront jamais un danger pour toi. Avec tes cousins à tes côtés, tu auras tant de pouvoir que personne n'osera te défier. Agis avec noblesse, tu deviendras roi et tu feras de cette époque l'une des plus heureuses de tous les temps. L'avenir du monde est entre tes mains. » Après Krishna, Bhishma a parlé à Duryodhana : « Krishna a parlé comme un ami qui veut la paix ; écoute-le, mon cher fils. »

Mais Duryodhana était incapable d'écouter. Il était incapable de recevoir les paroles de Krishna avec son cœur. Il était fermé et restait inflexible dans son égoïsme et sa haine des Pandavas. Son incapacité à écouter et à recevoir les conseils de sagesse qui lui ont été donnés a eu des conséquences dévastatrices. En fin de compte, ça a conduit à la guerre très destructrice du Mahabharata.

Bhartrihari, célèbre philosophe, grammairien et poète, a utilisé une belle image dans un de ses poèmes, le Nitishatakam :

*santaptāyasi saṁsthitasya payaso nāmāpi na śrūyate
muktākāratayā tadeva nalinīpatrasthitaṁ rājate
antassāgaraśuktimadhya patitam tanmauktikam jāyate*

L'eau s'évapore complètement lorsqu'elle tombe sur une plaque de fer chauffée. Si elle tombe sur une feuille de lotus, elle brille comme une perle. Quand elle tombe dans une huître de l'océan, elle devient perle[34].

Cette comparaison illustre bien les trois différents types de *śravaṇam* (recevoir la sagesse). Le premier type de *śravaṇam* est comparé à une poêle à dosa[35]. La poêle est chauffée et lorsqu'on y verse de l'eau, celle-ci s'évapore immédiatement. Certaines personnes sont comme une poêle à dosa : brûlantes d'arrogance, brûlantes de préjugés. Lorsque les paroles apaisantes du guru tombent dans leurs oreilles, elles n'ont aucun effet. Elles s'évaporent immédiatement, elles entrent par une oreille et sortent par l'autre. C'est de cette façon que Duryodhana a reçu les paroles de Krishna.

La deuxième façon de recevoir la sagesse spirituelle est comparable à une goutte de rosée tombée sur une feuille de lotus. Certaines personnes sont comme la feuille de lotus. Les enseignements du guru sont comme des gouttes de rosée. Ils tombent sur elles et les embellissent. Ces personnes se sentent inspirées par les enseignements du guru et peuvent les répéter

---

[34] Nitishatakam 67.
[35] Crêpe fine de la cuisine de l'Inde du Sud, fabriquée à partir d'une pâte fermentée à base de lentilles noires et de riz moulu.

aux autres. Elles veulent vivre selon ces enseignements, mais elles ne les ont pas encore complètement assimilés. C'est pourquoi, quand on rencontre une situation difficile, c'est comme une brise légère qui souffle et ces enseignements disparaissent, comme la goutte de rosée qui tombe de la feuille.

Un jour, je discutais avec une amie pendant qu'on travaillait. Elle a dit une chose avec laquelle je n'étais pas d'accord. Je lui ai fait part de mon point de vue qui était différent du sien. Je voyais bien que ça ne lui plaisait pas. Mais elle n'a pas répondu et n'a pas essayé de poursuivre la discussion. Au contraire, elle s'est détournée et m'a ignorée tout en continuant son travail. Je me suis sentie irritée. « Pourquoi est-ce qu'elle se comporte comme ça ? » J'ai eu envie de lui faire comprendre par un commentaire sarcastique, du genre : « Oh, c'est sympa de parler au mur ! ». Heureusement, je me suis retenue. J'ai poursuivi ma journée et j'ai oublié l'incident.

Ce soir-là, lorsque je suis allée dans le hall pour les bhajans, je l'ai vue de loin. L'irritation que j'avais ressentie le matin a refait surface. En plus, je me suis sentie irritée contre moi-même parce que j'avais laissé un si petit incident me perturber. Je me suis demandée quel conseil Amma me donnerait pour retrouver ma paix intérieure.

Amma dit : « La plupart des problèmes qui surviennent dans la vie sont dus à l'obstination, au refus d'accepter les choses qu'on n'aime pas. On ne peut pas changer le monde en fonction de nos caprices et de nos fantaisies. On devrait être capable de s'adapter aux situations auxquelles on est confronté. On doit devenir capable de réagir avec discernement. On doit apprendre à accepter ce qu'on ne peut pas changer. La rose parfumée est entourée d'épines piquantes. Inutile de demander que le rosier n'ait que des roses et pas d'épines. Notre mental ne deviendra

Écouter et parler avec le cœur

mature que si on abandonne cette obstination. Un esprit mûr est satisfait en toutes circonstances. »

J'étais assise dans le hall de bhajans, sur mon tapis de méditation, et je réfléchissais aux paroles d'Amma. Je me suis rendu compte que, tout en ayant entendu cet enseignement un nombre incalculable de fois, je ne l'avais pas encore vraiment intégré en moi. Je ne l'avais pas encore appliqué à mon vécu. C'est pour ça que j'avais encore tendance à m'irriter quand je n'aimais pas le comportement de quelqu'un. À ce moment-là, toute la sagesse accumulée au cours des années passées à écouter les enseignements d'Amma avait disparu, comme la goutte de rosée tombant d'une feuille de lotus.

Le troisième type de *śravaṇam* est comparable à une goutte de pluie tombant dans une huître. On dit que si une huître reçoit une goutte d'eau au moment de la constellation de swati[36], cette goutte devient une perle. C'est la meilleure sorte de *śravaṇam*. Comme le dit Amma : « Nous recevons les enseignements avec notre cœur. » Dans ce type d'écoute, on est ouvert aux enseignements du guru et on les contemple. On essaie consciemment de traduire cette sagesse dans notre vie quotidienne. De cette manière, les enseignements pénètrent au plus profond de notre être. Ils deviennent partie de nous, comme la pluie forme la perle précieuse dans l'huître.

Si j'avais eu ce genre de *śravaṇam*, je n'aurais été irritée que quelque temps, ou même pas du tout, par mon amie. J'ai vu mon échec. Je me suis laissé perturber par quelque chose de très peu important. De plus, je n'avais pas eu l'ouverture d'esprit nécessaire pour envisager qu'il devait y avoir une raison à son comportement, qu'il y a toujours deux versions d'une histoire

---

[36] Période pendant laquelle la Lune transite dans la constellation swati, une des 27 étoiles (ou nakshatras) de l'astrologie védique.

et que sa version de la conversation serait probablement très différente de la mienne.

Il ne suffit pas d'écouter les enseignements du guru et des Écritures. Il ne suffit pas non plus de les répéter aux autres. Il faut se tourner vers l'intérieur et y réfléchir vraiment. Il faut essayer de les mettre en pratique dans notre vie quotidienne, dans nos pensées, nos paroles et nos actions. Pour cela, il faut apprendre à s'observer, à observer ses réactions aux situations. Il ne s'agit pas de s'engager à devenir parfait du jour au lendemain. Il s'agit plutôt de petits changements pratiques à mettre en place au quotidien. Par exemple, il peut être utile de noter chaque jour ce qui a été réussi et ce qui ne l'a pas été.

Amma dit : « Chaque soir, le petit commerçant fait le bilan de ses gains et de ses pertes, pour s'assurer qu'il peut continuer à faire des bénéfices. L'homme d'affaires n'a pas besoin de faire cela tous les jours parce qu'il a une affaire bien installée. Nous sommes tous des débutants. Nous devons faire le point tous les jours. »

Grâce à l'introspection, à la contemplation et à nos efforts pour mettre en pratique les enseignements spirituels, on cultive peu à peu en soi une perle précieuse : un mental satisfait, imperturbable et paisible, quelle que soit la situation extérieure.

Patience dans nos interactions

Un jour, au téléphone, ma tante m'a parlé de ses voisins. Elle voulait en parler parce qu'elle était contrariée de leur situation. Ils ont un garçon de deux ans et une fille de cinq ans. Les parents ont tous deux un bon travail. La grand-mère vit également à proximité et les enfants viennent régulièrement passer du temps avec elle. Les enfants sont adorables et très vivants. Ils viennent souvent jouer chez ma tante, qui habite juste à côté. La famille est très croyante. Brillante et curieuse, la petite fille pose souvent des questions à sa mère sur des histoires spirituelles et religieuses.

Vue de l'extérieur, c'est une famille idéale. Mais il y a un problème. Le père a un tempérament colérique. Il perd souvent son sang-froid et crie fort sur les enfants pour des choses insignifiantes. Il n'écoute pas sa femme lorsqu'elle proteste et il lui crie dessus et se met en colère contre elle.

Ma tante souffre de voir l'effet que ça a sur les enfants. Elle a remarqué que l'aîné devient un peu craintif et renfermé. La colère ne crée pas seulement une atmosphère tendue dans la famille, elle peut aussi produire des modèles de comportement qui se transmettent de génération en génération. Les enfants grandissent en considérant les interactions violentes comme étant la norme. D'autre part, ces enfants peuvent souffrir d'anxiété et, plus tard, éprouver des difficultés à faire confiance aux gens ou à développer des relations intimes.

Le fondement de la spiritualité, ce sont les valeurs auxquelles nous adhérons dans la vie. À quoi bon respecter des représentations du divin dans des lieux de culte si on n'est pas capables de respecter les autres et d'être patients avec eux, en particulier avec les membres de notre famille ?

Amma dit : « Nous devrions coopérer avec amour et nous soutenir les uns les autres pour le bien commun de tous, pour l'élévation de la société toute entière. C'est notre véritable dharma, et il peut nous conduire au but ultime de la vie, la réalisation du Soi. Cela devrait commencer en famille. »

En entendant cela, certains d'entre nous pourraient se dire : « C'est un enseignement important, mais il ne s'applique pas vraiment à moi. Je ne suis pas comme le père de l'histoire. La plupart du temps, je suis aimant et patient avec les membres de ma famille et les personnes de mon entourage. » Mais, si on observe nos pensées et nos paroles, on s'aperçoit généralement qu'il y a moyen de s'améliorer. Les familles proches et élargies sont souvent des foyers d'émotions et peuvent donc être un bon terrain pour s'améliorer. De plus, réfléchissons à la façon dont on fait preuve d'attention et de bienveillance avec le reste de la société. À ce sujet, Amma cite parfois les vers d'un bhajan :

ninne ninaccu koṇḍ-anyare drōhiccāl nin cinta entināṇu ?

Mère divine, à quoi bon penser à toi si, en même temps, on blesse les autres ?

kōvilil eṛe pradakṣiṇam ceytiṭṭā vātilil ninnu koṇḍu 'māṛe'nnōti piccakkāre caviṭṭunna bhāvam vicitram allē ?

N'est-ce pas étrange, après avoir fait le tour du temple avec respect, d'en sortir et de donner des coups de pieds aux mendiants[37] ?

« Donner des coups de pieds aux mendiants » n'est pas forcément à prendre au pied de la lettre. Il peut s'agir de parler

---

[37] Śakti Rūpē.

Écouter et parler avec le cœur

sèchement à quelqu'un qui cherche à attirer notre attention. Il peut s'agir de se mettre en colère contre quelqu'un qui nous pousse à bout. Il peut s'agir de parler durement à quelqu'un qui se met en colère contre nous.

Le Mahabharata parle de Kaushika, un célèbre érudit brahmane. Un jour, alors qu'il était en train de faire ses pratiques, les excréments d'une grue lui sont tombées sur la tête. Il a regardé l'oiseau avec tant de colère qu'il l'a réduit en cendres. Le lendemain, Kaushika s'est présenté devant une maison pour demander l'aumône. La maîtresse de maison lui a demandé d'attendre quelques minutes et est allée chercher de la nourriture à l'intérieur. À ce moment-là, son mari est arrivé à la maison. Il était affamé et fatigué. La dame lui a donc d'abord servi à manger et n'a donné l'aumône à Kaushika qu'après.

Kaushika s'est mis en colère et lui a reproché de l'avoir fait attendre. Imperturbable, la femme a répondu calmement : « Ne me prenez pas pour un oiseau que votre colère peut réduire en cendres. » Kaushika est resté bouche bée. « Comment pouvait-elle être au courant de l'incident de la veille ? » Il a compris qu'elle devait son intuition à sa constance dans le dharma.

Elle conseille ensuite à Kaushika de rencontrer un sage nommé Dharmavyadha pour qu'il lui donne une leçon sur le dharma. Elle insiste sur le fait que cette personne est vertueuse, non pas parce qu'elle est érudite ou brahmane, mais parce qu'elle prend bien soin de ses parents âgés. Elle lui explique ensuite que ce qui caractérise une personne pieuse, ce n'est pas la connaissance des Védas, mais le fait de ne pas se mettre en colère et de traiter ses amis et les membres de sa famille avec soin et patience :

krodhaḥ śatruḥ śarīrastho manuṣyāṇāṃ dvijottama yaḥ
krodha-mohau tyajati taṁ devā brāhmaṇaṃ viduḥ

Cent Pots

La colère est l'ennemi de celui qui est en colère. Les dieux savent que celui qui connaît sa vraie nature c'est celui qui s'est débarrassé de la colère et de la passion[38].

Il s'agit d'une conversation entre une femme au foyer apparemment ordinaire et un érudit brahmane. Mais qui donne les conseils spirituels ? La femme au foyer. Pas l'érudit. Kaushika a peut-être minutieusement étudié les Védas, mais la vie de cette femme est ancrée dans le dharma. Ses paroles reflètent des qualités telles que la patience, une attitude de service et le pardon. Ces qualités sont le véritable fondement de la spiritualité.

Aller au temple, réciter des textes spirituels, méditer, tout ça est important. Cependant, ce n'est pas à ça qu'on mesure réellement son évolution spirituelle. Elle se reflète dans nos relations, en famille, avec nos amis et avec toutes les personnes qu'on côtoie.

---

[38] Mahabharata 3.197.31

Écouter avec le cœur

Amma dit : « Nous n'avons pas l'habitude d'écouter attentivement les autres. C'est pourquoi la plupart d'entre nous n'écoutent pas bien ; nous ne faisons que parler. Si nous sommes capables de bien écouter, nous résoudrons de nombreux problèmes dans la vie. Pour éviter que les discussions ne se transforment en disputes, au lieu de chercher à imposer votre point de vue, essayez d'écouter et de comprendre le point de vue de l'autre. »

Souvent, on n'écoute pas les autres parce qu'on est plongé dans notre propre monde. Même dans les familles, on peut observer le même genre de processus. On dirait deux monologues simultanés déguisés en dialogue.

Une personne dit : « Je me sens un peu fiévreux. »

L'autre dit : « Oh, vraiment ? J'ai eu beaucoup de fièvre il y a quelques semaines. Ça a duré plusieurs jours. Je me sentais très mal. »

Le premier dit : « Oui, je dois aller chez le médecin demain. »

La deuxième personne dit : « Le docteur ? Oh, je ne suis pas allée chez le docteur. J'ai pris du paracétamol et du thé au citron et au miel de ma mère. Mais aujourd'hui, je regrette de ne pas être allée voir le médecin, car ça n'aurait peut-être pas traîné aussi longtemps. Et maintenant, je garde un reste de toux qui s'est déclarée par la suite. »

Ce genre de dialogue peut ressembler à un scénario familier pour la plupart d'entre nous. On ne se rend pas toujours compte qu'on écoute peu les autres.

Une fois, une amie s'est comportée d'une manière que j'ai jugée incorrecte. J'en étais convaincue et j'ai voulu le lui dire.

Je suis allée la trouver et j'ai commencé à lui dire qu'elle avait été injuste. Elle s'est immédiatement mise sur la défensive et la conversation s'est rapidement transformée en dispute. Après quelque temps, il semblait improbable qu'on puisse se mettre d'accord sur quoi que ce soit. Elle n'écoutait pas mon point de vue et je ne voulais pas perdre plus de temps et d'énergie à discuter. J'étais sur le point de partir. Elle a dû s'en rendre compte, car elle a soudain changé de ton. Ses yeux se sont remplis de larmes et elle m'a dit : « J'ai vraiment besoin que tu m'écoutes, là. J'ai besoin d'être entendue et comprise. Je t'en prie. »

En entendant ça, je me suis arrêtée. Cette fois, je me suis vraiment tue et j'ai réellement écouté ce qu'elle avait à dire. Elle a expliqué son point de vue et j'ai compris pourquoi elle avait agi de la sorte. Son comportement venait de sa souffrance intérieure. J'ai compris que, derrière son comportement, il y avait un besoin d'amour. Quand elle a pu s'exprimer, se sentir entendue et comprise, elle s'est calmée. J'ai alors gentiment expliqué pourquoi je trouvais son action inappropriée. Elle a entendu et compris et la conversation s'est terminée de manière constructive, sur une note positive.

On peut voir que la première partie de notre interaction est un scénario très courant dans la vie de famille. On n'est pas d'accord sur quelque chose ou on est mécontent du comportement de l'un des membres de la famille. On exprime alors son mécontentement de manière abrupte avant d'essayer véritablement de comprendre ce qui se cache derrière les paroles ou les actions de cette personne. En général, la critique met l'autre sur la défensive. Ça arrive à tout le monde. Si quelqu'un critique ce qu'on dit ou ce qu'on fait, à la moindre piqûre de l'ego, on réagit. On se lance dans une série de justifications et d'arguments pour prouver qu'on a raison, qu'on est irréprochable et que l'autre a tort.

Écouter et parler avec le cœur

De tels désaccords pourraient facilement être évités si on avait la patience de s'écouter les uns les autres. Si on veut avoir des relations saines, il faut avoir l'humilité et la maturité de mettre de côté notre attitude défensive et d'écouter avec son cœur.

Dans cet incident, je n'aurais pas dû commencer la conversation par : « Ce que tu as fait n'était pas correct. » Si je l'avais plutôt abordée en disant : « Je n'ai pas compris ce que tu as fait ce jour-là. Pourrais-tu me dire ce qui s'est passé ? J'aimerais entendre ta version. » La dispute aurait pu être complètement évitée.

Ce n'est pas ma maturité qui a sauvé la situation, mais le fait que l'autre personne ait exprimé ouvertement ce qu'elle ressentait. Ses paroles ont été pour moi un signal d'alarme, un appel à la patience et à l'écoute. Mais la plupart du temps, l'autre personne ne nous dit pas clairement qu'elle a besoin qu'on l'écoute et la comprenne. Elle aussi se met en colère. Il est donc essentiel de se rappeler qu'il faut écouter. On doit essayer de comprendre le point de vue de l'autre personne et faire en sorte qu'elle se sente entendue.

Dans le Vana Parva, l'un des livres du Mahabharata, nous assistons à l'équivalent d'une « dispute familiale ». C'est le 13ème mois de l'exil des Pandavas. La conversation est très profonde, mais je vais me concentrer sur un seul de ses aspects. Il s'agit d'un mari et d'une femme qui se sont écoutés l'un l'autre. Ils ont compris leurs imperfections respectives et ont eu la patience de s'écouter l'un l'autre. Draupadi a demandé à Yudhishthira de se venger des Kauravas. Yudhishthira l'a écoutée et dit : « Draupadi, nous avons écouté attentivement tes paroles. »

Il a ensuite expliqué l'importance du pardon et de la patience. Yudhishthira a dit à Draupadi que son point de vue n'était pas conforme au dharma suprême. En réponse, Draupadi a été claire et honnête et elle a expliqué que ses paroles provenaient de sa frustration quant à leur situation.

Elle a déclaré : « Bouleversée par mon immense chagrin, Yudhishthira, je te prie de comprendre que mes paroles sont le fruit d'un état de pure détresse et de tristesse. Et je dois t'avertir que ce n'est pas fini ; je me lamenterai à nouveau à l'avenir. Tu peux t'attendre à ce que, au plus profond de mon chagrin, j'exprime à nouveau ma douleur. »

La discussion familiale a continué ainsi. Même dans leur désaccord, les conjoints se sont exprimés dans le respect mutuel. Ils se sont mutuellement donné le temps d'exprimer leurs pensées et leurs sentiments. Cette histoire peut nous apprendre beaucoup de choses.

Amma dit : « Il n'y a de véritable écoute que lorsque vous écoutez avec votre cœur, avec amour. Apprenez à respecter les sentiments de l'autre. Apprenez à écouter les problèmes des autres avec amour et intérêt. »

Quelques années après avoir rejoint l'ashram, j'ai été confrontée à un problème. Je me sentais triste, mais je ne savais pas vers qui me tourner. Un jour, alors que j'étais assise à quelques places d'elle, Amma m'a regardée et m'a fait signe de m'approcher. Je me suis donc approchée et lui ai murmuré à l'oreille, en anglais, une phrase qui résumait mon état mental. Amma m'a regardé dans les yeux et a dit, également en anglais : « Je comprends. »

C'était suffisant, juste de me sentir comprise. En une seconde, j'ai eu l'impression de m'être débarrassée de l'énorme fardeau que je traînais. Personne au monde n'écoute les autres autant qu'Amma. Elle a écouté d'innombrables personnes de tous âges, de toutes origines, de toutes cultures et de tous horizons. C'est tellement réconfortant de parler à Amma parce qu'elle

Écouter et parler avec le cœur

est pleinement présente. Amma écoute complètement avec son cœur. Tout le monde veut être compris. Quand on écoute quelqu'un, on lui offre un cadeau, le cadeau de son attention, de son temps. En même temps, quand on apprend à écouter, on en profite aussi. Notre esprit s'élargit. On s'enrichit en comprenant des perspectives différentes des siennes. On apprend à connaître le fonctionnement des êtres humains, le fonctionnement de notre mental. On apprend naturellement à être plus tolérant et plus patient.

Le langage du cœur

Depuis la branche de l'arbre shimshapa où il se cachait, Hanuman se demandait ce qu'il devait faire. Maintenant qu'il avait enfin retrouvé la douce Sita, il ne savait pas comment faire pour l'approcher. Et si elle le soupçonnait d'être envoyé par son ravisseur, Ravana, pour l'amener à lui céder ? En même temps, Hanuman savait qu'il devait lui parler pour lui donner des nouvelles de son bien-aimé Rama. Soudain, il a eu une idée ingénieuse. Prenant soin de rester caché dans le feuillage, il s'est faufilé le long de la branche pour s'approcher de Sita.

Accablée de douleur, Sita se tenait sous l'arbre ashoka, fixant l'obscurité. Ses grands yeux étaient tristes et perdus. Elle, qui n'avait jamais connu le chagrin, ne pouvait pas comprendre la tragédie qui s'était abattue sur elle. Depuis que Ravana l'avait enlevée, chaque instant était un cauchemar.

Soudain, une petite voix venue du ciel s'est fait entendre. On aurait dit qu'elle se parlait à elle-même. « Il était une fois un roi nommé Dasharatha. Sa force et sa bravoure étaient réputées dans les trois mondes. Il avait quatre fils. L'aîné s'appelait Rama et le roi l'aimait plus que tout. »

Ces mots sont allés droit au cœur de Sita. Une vague d'espoir l'a envahie. Une lumière d'émerveillement et de foi dansait dans ses grands yeux tandis qu'elle écoutait ces paroles porteuses de vie.

Amma dit : « Grâce aux mots, nous pouvons voyager à la fois dans notre monde intérieur et dans le monde extérieur. Les mots sont le chemin de la liberté intérieure, le chemin de la bonté et le chemin de l'amour. Dans tous nos mots, il y a une graine

Écouter et parler avec le cœur

puissante. Nous avons besoin de force intérieure pour que nos paroles deviennent comme un arbre qui donne de l'ombre, de la fraîcheur et des fruits aux autres. Ne sous-estimons pas le pouvoir d'un mot gentil. »

Un jour, je discutais avec une dévote d'Amma de longue date qui vit dans l'Uttarakhand. Elle dirige une ONG qui se consacre à la lutte contre les violences faites aux femmes et aux enfants. Récemment, une femme avait appelé le service d'assistance téléphonique de son ONG.

Cette femme était originaire des Philippines. C'est là qu'elle avait rencontré son mari indien. Après la naissance de leur premier enfant, ils s'étaient installés dans l'Haryana, près de la famille de son mari. Ils avaient eu deux autres enfants. Puis, en 2020, le mari de cette femme était mort du covid. Elle vivait désormais avec sa belle-famille. Le frère de son mari abusait d'elle sexuellement et voulait la forcer à l'épouser. Il avait caché son passeport et d'autres documents importants pour qu'elle ne s'échappe pas. Le reste de la famille ne disait rien. Cette femme ne connaissait que très peu d'hindi et d'anglais. Elle était extrêmement isolée.

Désespérée et ne voyant aucune issue à cette situation tragique, la femme a décidé de mettre fin à ses jours, ainsi qu'à ceux de ses trois jeunes enfants. Mais avant de passer à l'acte, elle a vu à la télévision le numéro de la ligne d'assistance de l'ONG et a décidé de l'appeler. C'était sa dernière tentative, son dernier espoir. Après avoir écouté son histoire, la dévote lui a dit qu'ils allaient la sauver, mais que cela prendrait quelques jours parce qu'elle se trouvait dans un autre État et qu'ils devaient d'abord remplir quelques formalités administratives auprès de la police.

L'idée de devoir rester dans cette situation plus longtemps était insupportable pour cette femme. Elle a déclaré : « Chaque instant est un cauchemar. Je ne pense pas pouvoir survivre un jour de plus. Je n'y arriverai pas ! Je préfère qu'on meure tous. Au moins, on sortira tous de cet enfer. »

Rien de ce que disait la dévote ne semblait calmer la femme et la détourner de l'idée du suicide. La dévote a alors essayé une autre stratégie. Bizarrement, elle connaissait un peu le philippin. Elle a essayé de parler à la pauvre femme dans le peu de philippin dont elle se souvenait : « Ma chère, ne vous inquiétez pas. Rassurez-vous, nous viendrons vous chercher aussi vite que possible. On va vous sauver, vous et vos enfants, c'est sûr. Ne perdez pas espoir. Attendez-nous. Nous arrivons. »

Ces mots affectueux, prononcés dans la langue maternelle de cette femme, ont eu un effet magique. Elle s'est calmée et a accepté d'attendre. Ces mots lui ont donné la force de tenir bon. Quelques jours plus tard, elle a été secourue et a retrouvé sa famille aux Philippines avec ses enfants.

Lorsque la dévote s'est adressée avec amour à cette femme dans sa langue maternelle, les mots lui sont allés droit au cœur. Ils ont apporté une lueur d'espoir dans les lourdes ténèbres qui l'enveloppaient.

Pas besoin d'apprendre toutes les langues pour pouvoir communiquer de cœur à cœur. Par chance, la dévote connaissait un peu le philippin, mais plus que la langue, c'est la gentillesse et la sollicitude qui se dégageaient de ces mots qui ont eu un effet si apaisant sur la femme. Il y a une langue qui est universelle, qui dépasse toutes les différences de culture et de nationalité. C'est la langue d'Amma, celle qui l'a rendue chère à des millions de personnes à travers le monde. C'est le langage de l'amour.

Swami Amritaswarupananda Puri, un des plus anciens disciples d'Amma, a dit un jour : « Amma est capable d'établir une communication parfaite avec des personnes de toutes les nations, langues et cultures parce que sa véritable langue n'est pas le malayalam, mais une langue universelle, la langue de

Écouter et parler avec le cœur

l'amour. Amma est capable de communiquer grâce au langage de l'amour parce qu'elle comprend le cœur des gens, leurs chagrins profonds, leurs douleurs cachées. Par sa présence compatissante et un lien personnel avec des millions de personnes à travers le monde, des personnes de tous horizons, des personnes parlant différentes langues et venant de différents milieux culturels, Amma prouve que l'amour peut effectivement être un langage universel. »

Amma dit : « Nous voulons apprendre de plus en plus de langues qui nous permettent de communiquer avec des personnes d'autres régions de notre pays et du monde. Mais nous avons complètement oublié le langage de l'amour et de la compassion, le langage du cœur qui, plus que toute autre chose, nous aide à nous comprendre les uns les autres. »

Les paroles d'Hanuman ont apporté de l'espoir au cœur de Sita. Les paroles de la dévote ont apporté réconfort et courage à la femme qui se trouvait dans une situation désespérée. Un proverbe sanskrit dit :

priya-vākya-pradānena sarve tuṣyanti jantavaḥ tasmāt-tad-eva vaktavyaṁ vacane kā daridratā

Les mots gentils et aimants rendent les gens heureux ; on doit donc les dire. Pourquoi vouloir rationner de tels mots ?

9

Nous faisons partie d'un tout

Amma dit : « Personne n'est une île isolée. Nous sommes tous liés les uns aux autres comme les maillons d'une chaîne. » La spiritualité, ce n'est pas se mettre à l'écart du reste de la société. Il s'agit de sortir de notre monde étroit qui tourne autour du « je » pour prendre conscience que nous sommes reliés à quelque chose de beaucoup plus grand. Ce changement d'état d'esprit se traduit spontanément par un désir sincère du bien-être des autres et par des actions qui profitent à tous.

Le vrai renoncement

Après avoir fini mes études, je suis venue passer un an en Inde à l'ashram. Je suis arrivée à Trivandrum et j'ai pris le bus public à l'aéroport. Lorsque je suis montée dans le bus à Karunagappally pour la dernière étape du voyage, deux brahmacharinis (femmes monastiques) de l'ashram se trouvaient dans le même bus. Je n'avais que 17 ans à l'époque, j'étais une jeune chercheuse spirituelle pleine d'enthousiasme et j'étais donc ravie de pouvoir m'asseoir à côté d'elles.

L'une de ces brahmacharinis était très maigre. Assise dans le bus, j'ai regardé du coin de l'œil ses bras fins et dans mon mental d'adolescente, je me suis fermement dit : « Regarde et souviens-t'en ! Souviens-toi de ça comme ton idéal quand tu jeûnes et que tu brûles ton attachement au corps dans le feu du renoncement ! »

Avec le recul, tout ce que je peux faire, c'est rire de ma conception étroite du renoncement à l'époque. Tout d'abord, cette brahmacharini est maigre par nature. Mais j'imaginais quand même que le chemin spirituel se réduisait à des vœux, à une discipline stricte et à des austérités physiques auto-infligées. Pas étonnant que la simple mention du mot « renoncement » fasse frémir.

Voyons ce qu'il représente réellement. La Kaivalya Upanishad dit : *na karmaṇā na prajayā dhanena tyāgenaike amṛtatvamānaśuḥ*[39]. C'est aussi la devise de l'ashram d'Amma : « L'immortalité ne se réalise pas par l'action ni

---

[39] Kaivalya Upanishad, verset 3.

par la descendance ou la richesse. Elle ne s'obtient que par le renoncement. »

Ce terme que j'ai traduit par renoncement, *tyāga*, vient de la racine *tyaj* qui signifie destruction, départ ou abandon. On désire toujours acquérir et obtenir de plus en plus de choses. C'est donc normal qu'on se crispe dès qu'on entend le mot renoncement. La raison pour laquelle on se sent mal à l'aise en entendant l'Upanishad sur le renoncement, c'est qu'on ne comprend pas vraiment ce qu'est l'immortalité. En réalité, il s'agit de *moksha*, la libération. Et Adi Shankaracharya[40] nous dit que la libération est *atyāntika duḥkha nivṛtti*, la cessation ultime de la souffrance. Formulé ainsi, le renoncement semble plus attrayant.

Toute notre vie, on fait la même chose. Chaque jour, on a le même objectif : la recherche du bonheur. Pour être honnête, la plupart d'entre nous conviendront probablement que, jusqu'à présent, notre quête n'a pas été couronnée de succès. D'une manière générale, on recherche tous le bonheur dans les mêmes choses : le confort extérieur, l'amour et l'approbation de notre entourage, l'acceptation et le respect de la part de la communauté au sens large. Les moments d'insatisfaction qu'on vit montrent qu'on ne cherche pas le bonheur au bon endroit. Pourtant, au lieu d'en tirer des leçons et d'essayer de chercher ailleurs, on continue généralement à chercher de la même manière.

Amma dit : « Si notre enfant est malade, nous prenons plusieurs jours de congé pour le soigner. Nous sommes prêts à aller au tribunal autant de fois que nécessaire pour obtenir un seul bout de terrain. Nous pouvons renoncer au sommeil pour faire

---

[40] Célèbre promoteur de l'Advaita Vedanta. Ses commentaires continuent de servir de base à l'interprétation Advaita des Védas, ce qui fait de lui l'une des figures les plus influentes de l'histoire de la philosophie indienne.

des heures supplémentaires pour gagner plus d'argent. Nous ne pouvons qualifier aucun de ces actes de renoncement. Seules les actions accomplies sans l'attitude du « je » et du « mien », pour le bien-être du monde et en offrande à Dieu, peuvent être qualifiées de renoncement. De tels actes d'abnégation ouvrent les portes du monde du Soi. »

Le Seigneur Krishna, Jésus, Amma, les gurus éclairés qui connaissent le secret du contentement nous disent que le bonheur se trouve dans l'abandon de notre égocentrisme et de notre mesquinerie. Le jeûne et la diminution des biens, etc., jouent tous un rôle, mais l'égocentrisme et la mesquinerie sont les véritables choses auxquelles on devrait essayer de renoncer. En fait, ce sont eux qui sont la racine de notre souffrance.

Imaginez qu'une personne se plaigne de l'odeur répugnante dans une pièce remplie d'ordures. Quelqu'un lui dit : « Débarrassez-vous de ces déchets et la puanteur disparaîtra. » Mais cette personne est mal à l'aise rien qu'à l'idée de devoir se débarrasser de quoi que ce soit. Elle se bouche donc les oreilles et fait semblant de ne pas entendre. En un sens, on est comme elle. On se plaint d'être malheureux. Et lorsque les grands maîtres nous disent de nous débarrasser de ce qui nous fait souffrir, tous les déchets que nous gardons en tête, on fait semblant de ne pas entendre.

Une fois qu'on comprend la véritable source du bonheur, on ne verra plus le renoncement comme quelque chose de désagréable. On cessera de le voir comme une épreuve. On verra clairement que c'est le moyen de mettre fin à ses souffrances. Une fois qu'on comprend que ce sont les ordures entassées dans notre pièce qui provoquent cette puanteur insupportable, on voudra naturellement s'en débarrasser.

Il y a un outil pragmatique pour commencer à renoncer à nos négativités : aider les autres, essayer d'être sensible à leurs souffrances. Amma dit toujours : « Ne perdez jamais une occasion de tendre la main à quelqu'un dans le besoin. »

Une amie de ma mère qui vit au Royaume-Uni s'occupe de sa mère âgée et consacre également beaucoup de temps et d'énergie à ses enfants adultes dont l'un a des problèmes de santé mentale. L'autre enfant a ses propres enfants et compte sur l'amie de ma mère pour l'aider à les garder. C'est une personne très gentille et généreuse et elle passe sa vie à prendre soin des besoins des autres.

Un jour, elle a confié à ma mère qu'elle se sentait fatiguée, tant physiquement que mentalement. Elle a compris qu'elle avait besoin de répit. Elle s'est arrangée pour que des personnes aident sa mère en son absence et a réservé une chambre au bord de la mer pour quelques jours. Ce devait être une sorte de retraite. Le but était de profiter de la solitude sans avoir à se préoccuper de qui que ce soit d'autre pendant quelques jours. Elle avait vraiment hâte de se ressourcer, de passer du temps seule dans la nature.

Quand elles se sont parlées au téléphone, ma mère a questionné son amie à propos de son voyage. Son amie lui a répondu : « Eh bien, disons que la nature du voyage a un peu changé. »

« Oh, mais tu étais si contente de faire ce voyage ! » a répondu ma mère. « Qu'est-ce qu'il s'est passé ? »

L'amie de ma mère a expliqué : « Une de mes amies de longue date m'a appelée récemment. Elle a des difficultés de santé mentale et elle est très déprimée en ce moment, la pauvre. Quand je lui ai parlé de mon voyage, elle m'a demandé si elle pouvait venir aussi. Et tu sais, je n'ai pas pu dire non. Elle traverse une période difficile et je sais que c'est très important pour elle. »

C'est un véritable exemple de *tyāga*, de renoncement. L'amie de ma mère a fait passer les besoins de quelqu'un d'autre, quelqu'un qui n'était même pas de sa famille, avant les siens.

Nous faisons partie d'un tout

Elle a été prête à sacrifier son temps de solitude tant attendu pour le bonheur de quelqu'un d'autre.

Est-ce que ça signifie que le jeûne, les vœux et la discipline spirituelle ne sont pas nécessaires ? Non. Ces pratiques peuvent être des outils précieux, car elles nous font prendre conscience du fonctionnement de notre mental et nous aident à renforcer notre volonté. Ce n'est qu'au prix d'un effort et d'une détermination réels qu'on peut réussir à déraciner nos tendances égoïstes. Un mental dépourvu d'égoïsme est une bénédiction pour le monde. En même temps, il ne faut pas se décourager en pensant que le renoncement complet est hors de portée. Chaque petite tentative pour dépasser notre égoïsme est une bénédiction également.

À l'ashram, un mardi, après la méditation, Amma a dit : « Le renoncement, c'est la patience et l'amour que nous témoignons aux autres. Ça peut être la patience d'écouter la souffrance de quelqu'un que nous ne connaissons pas, de relever quelqu'un qui est tombé, de partager sa nourriture avec quelqu'un qui a faim. Toutes ces actions sont des formes de renoncement, surtout lorsqu'il s'agit d'inconnus. Il s'agit d'abandonner l'attitude du « je » et du « mien » pour adopter l'attitude : nous sommes tous des enfants du Suprême. C'est cela le renoncement, s'élever et s'éveiller à cette attitude. »

La lumière dans l'obscurité

Il faisait nuit noire à Mathura[41]. Pas même un rayon de lune. Il pleuvait à verse et le vent menaçait de tout détruire sur son passage. De nombreux gardes se tenaient devant la lourde porte du donjon. À l'intérieur du donjon, tout était sombre et lugubre. Devaki et Vasudeva appartenaient à des familles royales, mais ils n'avaient pas de lit. Ils étaient allongés sur le sol froid à même la pierre. Devaki était attachée à un pilier par de lourdes chaînes. Vasudeva était enchaîné à un autre pilier à plusieurs mètres de là. Ils étaient accablés par le chagrin, la souffrance d'avoir perdu leurs nouveau-nés, tués par Kamsa[42].

C'est dans cette situation extrêmement difficile que le Seigneur Krishna est né. C'est dans cette obscurité intense que le Seigneur est venu sous la forme d'un tout petit bébé brillant comme un soleil d'espoir et de bonté :

svarociṣā virocayantam sūtikāgṛham[43]

Le petit a illuminé toute la pièce de par son éclat.

Dans la vie, on peut essayer de se rappeler que les périodes difficiles peuvent aussi être des périodes de transformation. Il semble parfois que le monde traverse une période très sombre et la vie peut donner l'impression d'être un long tunnel sombre

---

[41] Lieu de naissance de Krishna.
[42] Le couple est emprisonné par Kamsa, le frère de Devaki, après avoir entendu la prédiction selon laquelle il serait tué par le huitième enfant de Devaki.
[43] Srimad Bhagavatam 10.3.12.

Nous faisons partie d'un tout

dont on ne voit pas la fin. Mais il faut se rappeler et voir que les difficultés et les malheurs ont aussi le pouvoir de faire ressortir ce qu'il y a de meilleur dans l'humanité.

Amma dit : « Lorsque des situations difficiles se présentent, nous devrions essayer de les utiliser pour rassembler notre force mentale pour grandir, nous relever et passer à l'action. Nous avons cette vie humaine pour faire face aux défis et les surmonter et non pas pour les fuir. Un navire en mer doit affronter des tempêtes, une mer agitée et peut même croiser des baleines ou des requins alors que le navire amarré au port n'est pas confronté à de tels défis. Mais qui construirait un bateau juste pour qu'il reste au port ? Lorsque des obstacles apparaissent dans la vie, nous devons faire appel à notre force intérieure et répandre le parfum de l'altruisme et de l'amour. Nous devrions être capables de relever les autres quand ils se noient dans le chagrin. »

Pendant la pandémie de covid, de nombreux professionnels de santé se sont dépensés sans compter pour tenter de fournir non seulement des soins médicaux, mais aussi un soutien émotionnel et du réconfort. Ces étincelles d'altruisme ne se sont pas limitées aux professionnels de la santé. Des personnes de tous horizons se sont portées volontaires d'une manière ou d'une autre. Au début de la pandémie, mes parents âgés m'ont dit que les gens de leur quartier avaient organisé un réseau d'entraide pour les plus vulnérables, les personnes âgées et les malades. Ainsi, de l'aide a été proposée à mes parents sans même qu'ils en fassent la demande. Par exemple, des bénévoles s'occupaient de leurs courses. Il s'agissait de personnes qu'ils n'avaient jamais rencontrées avant.

En Inde, AYUDH, la branche jeunesse du Mata Amritanandamayi Math, a aidé les gens de toutes sortes de façons pendant la crise. Des centaines de bénévoles ont mis en place des lignes d'assistance médicale, localisé des lits d'hôpitaux et organisé le matériel nécessaire.

Un membre d'AYUDH de Delhi m'a raconté une histoire déchirante : « Je n'oublierai jamais cette fois où j'ai reçu un appel du fils d'un patient qui m'a dit : "J'ai besoin d'une bouteille d'oxygène. J'ai déjà perdu ma mère et mon frère à cause du covid, et maintenant mon père est aussi malade et dans un état très grave. J'ai couru toute la journée et toute la nuit pour trouver de l'oxygène, mais je n'ai pas pu en trouver. Je n'ai même pas le temps de pleurer. "

« Après avoir entendu ça, je n'ai pas pu retenir mes larmes. On a essayé toute la journée, et finalement, en fin de soirée, on a eu une bouteille d'oxygène. L'homme était tellement heureux et soulagé. Il n'a pas arrêté de nous remercier et nous a dit : " Vous avez sauvé la vie de mon père " ».

La notion de *vasudhaiva kuṭumbakam* (le monde est une seule famille) a sauvé la vie de beaucoup de gens, notamment dans le domaine de l'alimentation. De nombreux réseaux d'aide alimentaire se sont formés dans toute l'Inde. De nombreuses personnes sont même allées jusqu'à se lever très tôt pour faire la cuisine avant d'aller travailler au bureau ou ailleurs et offrir des repas faits maison aux patients et au personnel soignant.

On ne compte plus les exemples de ce genre : des personnes qui ont fait des pieds et des mains pour aider des inconnus. La bonté de l'humanité transparaît dans ces situations. Partout dans le monde, on a vu des gens s'engager et aider les autres. C'est une lumière d'espoir dans l'obscurité, comme la lumière du petit Krishna qui a traversé l'obscurité pesante de la prison de Mathura. Amma nous dit toujours que la naissance du divin doit se produire dans notre cœur. Cette naissance a lieu lorsque notre cœur se remplit de bonté et de compassion.

Nous faisons partie d'un tout

Amma dit : « Le parfum d'une fleur ne voyage que dans le sens du vent. Mais le parfum de la bonté voyage pareillement dans toutes les directions. On ne peut peut-être pas aider tout le monde sur cette Terre. Mais si on arrive à exprimer sa compassion à quelques personnes autour de soi, elles la transmettront et, très vite, elle se diffusera partout. »

Plutôt que de s'inquiéter de l'état du monde, on peut ouvrir les yeux et regarder autour de soi. Il y aura toujours une occasion d'apporter sa petite contribution, une occasion de faire de petits gestes de compassion. On peut essayer de penser au-delà de notre petit monde égocentrique et de trouver des moyens de tendre la main à ceux qui en ont besoin. Comme le dit Amma, ensemble, nous pouvons répandre la lumière de la compassion et chasser les ténèbres.

Soyez le changement

Un jour, une dévote d'Europe m'a appelée pour me parler de sa situation difficile. Sa fille, mère de trois enfants, avait perdu son emploi et était retournée vivre chez elle. Elle avait trouvé un nouvel emploi à temps partiel, mais n'avait pas les moyens de se loger. Cette situation durait depuis près de deux ans et était loin d'être harmonieuse. Il y avait souvent des disputes entre la dévote et sa fille. Et, avec le confinement du covid, ils étaient tous coincés dans une petite maison ! Pire encore, à la suite d'une dispute, la fille ne parlait plus du tout à ses parents. La dévote ne savait plus quoi faire : « J'ai perdu toute tranquillité d'esprit. J'ai même envisagé de louer une chambre quelque part. Comme ça, au moins, je pourrais échapper à cette situation déplorable. »

Je lui ai demandé : « Est-ce que quelqu'un pourrait vous aider ? Est-ce que vous pourriez aller tous ensemble voir un thérapeute familial pour essayer d'améliorer la communication entre vous ? Est-ce que vous avez ce genre de thérapeutes ou de médiateurs chez vous ? »

Elle m'a répondu : « Oui, oui, on en a. C'est le métier de ma fille. Elle est thérapeute familiale. »

Que dire ? Je n'avais pas d'autres solutions à proposer. Malgré tout, elle semblait heureuse d'avoir pu parler de sa situation à quelqu'un.

La semaine suivante, la dévote m'a rappelé. Elle m'a dit : « Un matin, j'ai prié Amma au sujet de notre situation à la maison. Peu après, je suis tombée sur cette citation d'Amma : " Chaque action que nous accomplissons, consciemment ou

Nous faisons partie d'un tout

inconsciemment, seul ou en groupe, se répercute dans tous les coins de l'univers. Cela ne marchera pas si nous attendons que les autres changent. Même s'ils ne changent pas, nous devons être prêts à changer. Nous devrions voir ce que nous pouvons faire." »

Elle m'a dit : « J'ai senti que ces paroles répondaient à ma prière. Elles m'ont rappelé qu'au lieu d'essayer de changer ma fille, je devrais changer d'attitude. Avant de partir au travail, ma fille me laisse généralement un mot concernant l'emploi du temps des enfants. Hier, au lieu de le prendre sans rien dire, je lui ai montré et j'ai demandé avec amour à ma fille : " Est-ce que ce mot est pour moi ? " »

« Elle avait l'air étonné. Elle ne s'attendait pas à ce que je lui parle, car cela faisait plusieurs mois qu'elle ne m'avait pas adressé la parole. Elle a balbutié : " Euh, oui ". Le lendemain, avant de partir au travail, ma fille m'a parlé. Elle m'a dit : " Maman, je vais rentrer tard aujourd'hui. Pourrais-tu me laisser une part du dîner au chaud pour mon retour ? " J'ai répondu : " Bien sûr. " Quelle surprise ! C'était la première fois depuis des mois que ma fille me regardait en face et me parlait ! »

La dévote m'a ensuite raconté comment cet incident lui avait montré la vérité des paroles d'Amma. Un petit changement dans son attitude et son comportement avait eu un effet tangible sur l'ensemble de la situation.

Dans les situations difficiles, à la maison ou au travail, l'attitude positive d'une seule personne peut faire baisser la tension. Les bonnes intentions d'une personne peuvent apaiser de nombreuses dynamiques négatives.

À Ayodhya, la terrible nouvelle de l'exil de Rama a plongé le palais dans la tristesse. Toute la famille royale s'est effondrée. Seul Rama est resté calme au cœur de l'épreuve. Son père, le roi Dasharatha, était tellement accablé de chagrin qu'il en avait perdu la raison. La reine Kausalya était dans le même état et pleurait à chaudes larmes. De voir le chagrin de Kausalya, Lakshmana en voulait encore plus à leur père, Dasharatha. Rama, Sita et Lakshmana étaient sur le point de partir. L'atmosphère était lourde de chagrin et de ressentiment. Mais une seule personne conservait une attitude courageuse et noble. C'était Sumitra, la troisième reine de Dasharatha. La situation était tout aussi déchirante pour elle : elle allait être séparée de son fils Lakshmana pendant 14 ans. Pourtant, elle a trouvé les bons mots pour guider Lakshmana dans son voyage :

rāmam daśaratham viddhi mām viddhi janaka ātmajām
ayodhyām aṭavīm viddhi gacca tāta yathā sukham

Considère Rama comme ton père, Sita comme ta mère, la forêt comme Ayodhya et va en paix,
mon fils [44].

Ces paroles ont relevé l'atmosphère en se concentrant sur ce qu'ils pouvaient contrôler, leur attitude, plutôt que sur ce qu'ils ne pouvaient pas contrôler. Les paroles de Sumitra ont été comme un rayon de lumière, dissipant les ténèbres de la colère, du ressentiment et du chagrin. Ses paroles aimantes ont transformé cette tragédie familiale en un moment de recentrage sur le dharma.

Sumitra n'a pas attendu que les autres changent d'attitude. Elle a eu le courage et la noblesse d'être elle-même le changement positif.

La situation décrite dans le Ramayana peut sembler éloignée de notre monde moderne. On n'est pas aussi compatissants, patients et établis dans le dharma que le Seigneur Rama ou Sumitra. Ce n'est pas grave. Mais, si on observe attentivement,

---

[44] Ramayana 2.40.9.

Nous faisons partie d'un tout

on se rendra compte que, souvent, un petit changement d'attitude peut avoir un impact important dans une situation difficile.

Amma dit : « N'essayez pas de changer le monde ou les autres avant d'être capable de vous changer vous-même. Si vous essayez de changer les autres sans changer votre propre attitude, cela n'aura aucun effet. Changez-vous vous-même ; alors le monde autour de vous changera aussi. »

Prier pour les défunts

Ravana, le roi démon de Lanka, a kidnappé Sita et l'a emmenée. Rama et Lakshmana, désemparés, erraient à la recherche d'un quelconque signe de sa présence. Ils sont arrivés dans une clairière de la forêt et ont aperçu Jatayu, leur ami oiseau, étendu par terre. Rama s'est précipité pour prendre le grand oiseau dans ses bras.

Jatayu était mourant et pouvait à peine parler. Il s'était accroché tant bien que mal à la vie pour voir Rama avant de rendre son dernier soupir. Il dit à voix basse : « Rama, c'est Ravana qui a enlevé Sita. Il l'a emmenée loin d'ici. Il est parti vers le sud, mon enfant, vers le sud. »

Épuisé, le vieil oiseau a fermé les yeux. En les ouvrant à nouveau, il a dit : « Prends-moi dans tes bras, Rama. Mes yeux ont perdu la vue et je m'en vais maintenant. Ô Rama ! J'ai la chance de mourir sur tes genoux ! »

La vie de Jayatu s'est étiolée. Il a fermé les yeux une dernière fois et s'est éteint paisiblement dans les bras de Rama.

Les yeux de Rama se sont remplis de larmes. Il a murmuré : « Seul un père offrirait ainsi sa vie pour son enfant[45]. Ramasse du bois, Lakshmana, et incinérons-le dignement. »

Le corps du grand oiseau dans les bras, Rama a marché lentement vers la rivière Godavari. Lakshmana a fait un lit d'herbe *darbha*[46] à même le sol. Rama y a délicatement déposé le corps de l'oiseau. Lakshmana a recouvert le cadavre de branches et de brindilles sèches.

---

[45] Jatayu avait tenté d'attaquer Ravana alors qu'il emportait Sita.
[46] Un type d'herbes utilisée traditionnellement pour les rituels

Nous faisons partie d'un tout

Rama dit : « Ô père, roi des oiseaux, puisses-tu atteindre le ciel destiné aux grands ascètes. Vertueux Jatayu, que ton voyage soit béni ! »
Rama a frotté deux brindilles l'une contre l'autre et a allumé le bûcher. Il a salué l'âme du défunt. Il a offert la *piṇḍā* rituelle[47] et récité les versets de *śrāddha*[48]. Debout dans la rivière, ils ont offert des offrandes d'eau à Jatayu. Le noble oiseau s'est élevé vers le royaume des plus grands sages.

Les prières et les rites après la mort d'un proche sont une manière importante d'exprimer notre gratitude et notre amour. Cela crée également une atmosphère propice à la poursuite du voyage de l'âme du défunt. Selon le sanatana dharma, l'âme voyage de corps en corps dans un cycle continu de naissances et de morts, dont on n'est délivré qu'au moment de la libération spirituelle. Mais même si on n'est pas certain de ce qui se passe après la mort, prier pour le bien-être et la paix du défunt peut avoir un effet bénéfique et apaisant sur celui qui offre ces prières. C'est également libérateur pour nous : ça nous permet de faire le deuil et de rester en lien avec le défunt. Non pas que cela mette fin à notre souffrance ; le deuil prend du temps. Mais plutôt que de se laisser engloutir par le sentiment de perte, la prière nous permet d'avoir une vision plus claire et constructive.

Au sujet des rites accomplis pour le bien du défunt, Amma dit : « Nous nous concentrons toujours sur ce que nous pouvons obtenir, jamais sur ce que nous pouvons donner. Nous grandissons grâce à ce que nos parents et nos proches nous ont donné. En réalité, cette dette ne peut être remboursée. Par ce rituel, nous témoignons de notre respect et de notre gratitude à l'égard de nos ancêtres disparus. Notre gratitude ne doit pas être que des mots. Elle doit se manifester en actes. En participant à ce rituel,

---

[47] Offrande rituelle de nourriture aux défunts.
[48] Cérémonie en l'honneur de et au profit de parents décédés.

en consacrant du temps aux autres, en dépensant de l'argent pour eux et en récitant des mantras, nous agissons. Nous créons ainsi des vibrations positives et nous nous purifions. »

Il n'est pas toujours possible de participer aux rites traditionnels. Néanmoins, il est bénéfique de simplement allumer une lampe et de passer un peu de temps à prier pour le bien-être de l'être cher qui nous a quittés. On en bénéficiera et Amma nous assure que ces vibrations positives atteindront à coup sûr ceux à qui elles sont destinées.

Amma nous dit toujours que la mort n'est pas un anéantissement complet. C'est comme mettre un point à la fin d'une phrase. Après un certain temps, la vie continue, comme une nouvelle phrase. La mort est un passage, l'étape d'un voyage. Essayer de donner un départ positif à nos proches grâce à la prière facilitera leur passage.

Un jour, une amie m'a parlé d'un jeune homme qui avait été gravement blessé dans un accident. Les médecins ne lui donnaient que quelques jours à vivre. Il était tombé dans le coma et ne donnait aucun signe de vie à part une respiration difficile. Sa mère, qui était en état de choc, a lentement et tristement compris que son fils ne se réveillerait jamais. Il lui était insupportable de voir son fils souffrir ainsi. Elle voulait qu'il soit libéré de son agonie. Mais elle sentait que quelque chose le retenait, l'empêchait de quitter son corps. Alors, la mère affligée a murmuré doucement à l'oreille de son fils : « C'est bon, mon chéri, tu peux partir. Tu souffres trop dans ce corps. C'est bon, mon enfant, tu peux partir. » D'une certaine manière, c'était le chagrin de sa mère et son incapacité à accepter son départ qui le retenaient. C'était comme si cette âme attendait que sa mère lui donne la permission de partir. En effet, quelques heures seulement après qu'elle lui a murmuré ces mots à l'oreille, il s'est éteint paisiblement.

Nous faisons partie d'un tout

Un mourant peut être angoissé à l'idée de causer du chagrin à ses proches. Dans ce cas, il ne part que lorsqu'il en a la « permission », comme dans le cas de ce jeune garçon avec sa mère. On peut imaginer que c'est pareil après la mort. Après avoir quitté le corps, l'âme peut hésiter à quitter ce monde. Nos prières lui apportent l'amour et l'acceptation dont elle a besoin pour aller de l'avant, au lieu de rester attachée par les chaînes de notre peine.

La prière est un outil puissant. En priant, on développe une confiance en une force supérieure, en une divinité en soi, à laquelle on se connecte quand on prie. Les mots sont puissants. Si les insultes et les mots désobligeants peuvent nous tirer vers le bas, les mots aimants, les mots exprimant la gratitude, les mots souhaitant du bien, peuvent certainement nous élever. Par la prière, on puise dans sa force intérieure et dans sa bonté. En plus de la prière, on peut aussi faire de bonnes actions en mémoire de l'âme défunte, en donnant par exemple de l'argent à une organisation caritative.

Amma dit : « Vos prières ne seront jamais perdues ; cette idée devrait vous donner de la force. » On peut prier de tout son cœur pour ses proches, mais aussi pour toutes les âmes défuntes :

lokāḥ samastāḥ sukhino bhavantu

Que tous les êtres de toute la création soient heureux et en paix.

Le monde est une seule famille

J'ai toujours été fascinée par l'Inde bien avant d'y mettre les pieds. Ma mère avait visité l'Inde dans sa jeunesse et je lui posais régulièrement des questions à ce sujet. Mes parents m'ont offert un grand livre de photos de l'Inde dont je parcourais les pages avec enthousiasme. Ma première expérience de l'Inde, avant ma vraie visite, a été un petit bout d'Inde découvert dans la ville où j'allais au collège en France.

Je devais avoir 15 ans à l'époque. C'était le petit appartement d'une famille tamoule, une mini-bulle de culture indienne dans une ville française. J'étais fascinée ! Il y avait des images de différents dieux sur les murs et je me souviens encore des arômes délicieux qui s'échappaient de la cuisine.

Ils avaient un petit garçon qui devait avoir moins de deux ans. La mère n'arrêtait pas de lui dire : « Akka, akka. » À l'époque, je n'avais aucune idée de la signification de ce mot. Je pensais qu'il s'agissait peut-être d'un surnom qu'elle lui donnait. Elle n'arrêtait pas de répéter : « Akka, akka ». Elle ne parlait pas anglais et ne connaissait qu'un peu de français et bien sûr, à l'époque, je ne connaissais rien au malayalam et encore moins au tamoul. Pourtant, on a quand même réussi à communiquer.

Ce n'est qu'un an plus tard, lorsque je suis venue en Inde, que j'ai compris qu'akka signifiait « sœur aînée ». J'ai réalisé que cette dame, qui ne m'avait jamais rencontrée auparavant, apprenait à son fils à me considérer comme une sœur aînée, moi qui étais une adolescente issue d'une autre culture et qui parlais une autre langue. Cette prise de conscience m'a profondément marquée. L'Inde possède une culture très riche qui considère

Nous faisons partie d'un tout

même les étrangers comme des membres de la famille élargie. Cette idée est exprimée dans le concept védique *vasudhaiva kuṭumbakam*, le monde est une famille. On la trouve dans la Maha Upanishad :

*ayam nijaḥ paro veti gaṇanā laghu-cetasām
udāracaritānāṁ tu vasudhaiva kuṭumbakam*

Seuls les étroits d'esprit pensent : « Ceci est à moi, ceci est à lui. » Les sages, au contraire, considèrent que le monde entier est une famille[49].

Le Seigneur Krishna exprime la même idée dans la Bhagavad Gita lorsqu'il dit :

mayi sarvam idaṁ protaṁ sūtre maṇi-gaṇā iva

Tout repose en moi, comme des perles enfilées sur un fil[50].

Dans la Maha Upanishad, le contexte de ce verset est une discussion sur l'état de libération spirituelle. En fin de compte, ce concept provient de la vision la plus large, l'état de connaissance suprême dans lequel tout est perçu comme son propre Soi. C'est la vision d'Amma. La vision d'Amma est globale, elle voit tout comme une partie de son Soi. Cela se traduit dans ses actions. Elle est la mère pour qui le monde entier est une famille. Cette vision s'exprime par le don inlassable qu'elle fait d'elle-même à chaque instant au service des autres en brisant les frontières de culture, de religion, de genre et de nationalité. Pour Amma, c'est un état d'être. Pour nous, *vasudhaiva kuṭumbakam* est une perspective qu'on peut essayer de mettre en pratique. Si on ne fait pas d'efforts pour la faire vivre concrètement dans notre

---

[49] Maha Upanishad 6.71.
[50] Bhagavad Gita 7.7.

quotidien, elle ne restera qu'un principe, des mots dans un livre qui prend la poussière sur une étagère.

Cet ethos védique nous montre que la vision du sanatana dharma est profondément inclusive. Ça se voit aujourd'hui dans les habitudes quotidiennes, comme le fait de s'adresser à des étrangers en les appelant acchan (père), amma (mère), chechi (sœur)[51], et la tradition de traiter l'invité comme un dieu. Ce ne sont pas de simples habitudes machinales à mettre en pratique avec des mots et des gestes, mais des attitudes à éveiller dans notre cœur. C'est là qu'il faut instaurer la vision élargie de *vasudhaiva kuṭumbakam*, le monde comme une seule famille.

C'est nécessaire parce que la réalité, c'est que notre mental est souvent étroit. Fréquemment, notre état par défaut est de porter des jugements. Si on observe attentivement son mental, on peut s'en rendre compte. Il y a une voix incessante qui nous harcèle : « Oh, elle porte ce genre de chaussures, donc elle doit être comme ça », « Il est en surpoids, il est probablement paresseux », « Elle porte toujours des couleurs flashy, elle doit vouloir attirer l'attention ». Ces types de jugements viennent de nos perspectives limitées et ne représentent généralement pas l'intégralité d'une situation. On doit reconnaître nos idées préconçues et essayer d'être plus ouverts lorsqu'il s'agit des autres. On sera les premiers à en bénéficier. Nos idées préconçues nous sont imposées par les autres. Si on développe la capacité de penser par nous-même et qu'on essaie sincèrement de comprendre les autres, on sera en mesure de les respecter plus sincèrement.

Comme le suggère l'Upanishad, ce qui limite notre perspective, c'est notre sens du « mien ». Si on parvient à élargir ce sens du « mien » et à le rendre universel, notre vision des choses

---

[51] Termes malayalam, mais presque toutes les autres langues indiennes ont des pratiques similaires.

Nous faisons partie d'un tout

s'en trouvera entièrement transformée. Le sanatana dharma nous dit que la même vérité divine est l'essence dans chacun de nous. On peut donc essayer de voir les autres non pas comme des êtres distincts de nous, mais comme des proches. Lorsque quelqu'un nous dit : « Je suis fier de toi », nous sommes très heureux. Pourquoi ? Parce que ça vient d'une vision inclusive. Quelqu'un nous dit indirectement : « Tu es dans mon camp, tu fais partie de mon peuple ». Si on essaie de considérer tous les gens comme des proches, on ressentira spontanément de l'amour et de la compassion.

Dans une lettre adressée à un homme bouleversé par la mort de son jeune fils à cause de la polio, Einstein écrit : « L'être humain est une partie de l'ensemble que nous appelons univers, une partie limitée dans le temps et l'espace. Il fait l'expérience de lui-même, de ses pensées et de ses sentiments comme d'une chose séparée du reste, une sorte d'illusion d'optique de sa conscience. Cette illusion est une sorte de prison pour nous, nous limitant à nos désirs personnels et à l'affection pour quelques personnes qui nous sont les plus proches. Notre tâche doit être de nous libérer de cette prison en élargissant notre cercle de compassion à toutes les créatures vivantes et à toute la nature dans sa beauté. »

On peut essayer de cultiver cette vision large, en considérant chacun comme faisant partie de "notre camp", de "notre peuple". Car nous sommes tous des *amṛtasya putrāḥ*, des enfants du divin[52].

---

[52] Svetasvatara Upanishad.

10

Naviguer dans la vie

Les Écritures disent :

mana eva manuṣyāṇāṁ kāraṇaṁ bandha-mokṣayoḥ
Pour les êtres humains, le mental est à la fois la cause de la servitude et de la libération[53].

Si on comprend le fonctionnement du mental et qu'on utilise ce même mental pour comprendre la nature du monde et son impermanence, on pourra traverser la vie sans être trop perturbés sur le plan émotionnel. En plus, on pourra faire face à toutes les situations qu'on rencontre et même apprécier le chemin et les expériences vécues en cours de route.

---

[53] Brahmabindu Upanishad, verset 2

Comprendre la nature du monde

Un jour, quelqu'un a laissé sur la table des livraisons de la cuisine un fruit du jacquier du jardin qui n'était pas mûr. J'ai décidé de le cuisiner car je sais que ça donne de bons thorans[54]. J'avais déjà cuisiné de l'idichakka (jacquier tendre), mais c'était la première fois que j'allais préparer un jacquier entier. Pour préparer le jacquier, il faut retirer la chair du fruit de sa peau épaisse, enlever les graines et le nettoyer. Dans mon enthousiasme, je me suis dit que j'allais essayer. Mais il n'y avait personne dans la cuisine, et donc personne à qui demander des instructions.

La patience n'est pas mon fort, donc je n'ai pas voulu perdre mon temps à chercher quelqu'un à qui demander. J'ai pris le plus grand couteau que j'ai pu trouver et j'ai placé le fruit du jacquier, qui pesait environ cinq kilos, sur la table. J'ai planté le couteau dedans et j'ai fait tourner le fruit sur la table pour essayer de le couper en deux. Puis, j'ai essayé de retirer le couteau. J'ai tiré très fort et il a fini par sortir, mais il était couvert de sève. Il y avait de la sève sur la lame, sur le manche et même sur mes mains. Mais je n'allais pas m'arrêter pour autant. J'ai replongé le couteau et j'ai continué à couper le fruit en morceaux plus faciles à manipuler. Pendant ce temps, la sève continuait à se répandre.

Je voulais m'essuyer la main pour mieux tenir le couteau, mais avec quoi ? Soudain, j'ai remarqué que mon téléphone était dangereusement proche de la zone collante de la table. Je l'ai pris du bout des doigts, mais j'ai eu du mal à le reposer car

---

[54] Plat traditionnel du Kerala à base de légumes et de noix de coco.

l'étui du téléphone collait à mes doigts. Maintenant, le téléphone était aussi couvert de sève collante.

J'ai ouvert le robinet pour essayer de me laver les mains et le robinet est devenu tout collant. Et l'eau ne semblait pas efficace pour enlever la sève. J'ai essayé de prendre du savon et de le faire bien mousser, mais cela n'a pas servi à grand-chose. Finalement, je me suis rappelé que j'avais vu des gens utiliser de l'huile pour ce genre de choses. J'ai décidé d'essayer. Après m'être frotté les mains avec de l'huile, la substance collante a commencé à se détacher. J'ai ensuite frotté le couteau, la table et mon étui de téléphone avec de l'huile. Après l'huile, j'ai utilisé de l'eau et du savon. Finalement, j'ai réussi à tout nettoyer.

J'avais compris la leçon. Avant de recommencer à couper le fruit, j'ai étalé du papier journal et j'ai placé le fruit dessus. J'ai de nouveau appliqué de l'huile sur mes mains et sur le couteau. Après, tout s'est bien passé. À la fin, tout le monde a apprécié le thoran.

C'est le genre de chose qui arrive lorsqu'un étranger tombe sur un fruit du jacquier ! J'ai appris par la suite que la sève des fruits du jacquier est parfois utilisée comme adhésif. En plus de nous avoir amusé, cet incident m'a enseigné une leçon importante. Je me suis souvenu de ce qu'Amma avait dit quelques jours auparavant : « La spiritualité ne consiste pas à vivre à l'écart du monde. Il s'agit de vivre dans le monde tout en comprenant sa nature. Tout comme l'armure protège le soldat, la connaissance spirituelle nous protège des difficultés de la vie. »

En réfléchissant aux paroles d'Amma, j'ai pensé : « Si on compare la vie dans le monde à la préparation d'un jacquier, la spiritualité est l'huile que nous devons mettre sur nos doigts ! » Sans l'huile protectrice de la connaissance spirituelle, la sève de la vie crée une pagaille collante. Cette connaissance spirituelle, qu'est-ce que c'est ? C'est comprendre la nature du monde, la nature des personnes et des objets qui nous entourent. Amma dit : « Nous devons devenir capables de réagir avec discernement. Nous devons apprendre à accepter ce que nous ne pouvons pas changer. La loi de la nature veut que le jour soit suivi de la nuit. La joie et la tristesse font partie du même ensemble. Nous devons reconnaître cette vérité. Un éléphant ne pourra jamais se comporter comme une grenouille. Une grenouille ne pourra jamais être un éléphant. Acceptez-les tels qu'ils sont : l'éléphant en tant qu'éléphant et la grenouille en tant que grenouille. Sachez que le sucre est sucré et que le sel est salé. Apprenez à ne pas sauter de joie lorsque le bonheur est au rendez-vous et à ne pas vous effondrer lorsque le chagrin entre dans notre vie. Restez satisfaits et joyeux dans n'importe quelle situation. C'est ce que l'on entend par « maturité ». C'est ce que la spiritualité nous enseigne. »

Pour les êtres éveillés tels qu'Amma, Krishna et Jésus, la connaissance spirituelle est leur expérience. Cette armure fait naturellement partie d'eux. Mais nous, on doit sans arrêt faire des efforts pour acquérir et assimiler cette sagesse. Cela ne veut pas dire qu'on doit tous devenir des moines ou des ascètes. Peu importe qui on est et ce qu'on fait, on peut tous réserver une petite partie de notre journée à la spiritualité. On peut, par exemple, lire quelques pages d'un livre spirituel, écouter un enseignement sur la spiritualité, prendre du temps pour réfléchir à un verset de la Bhagavad Gita, se concentrer et calmer notre mental en méditant, en priant ou répétant notre mantra. Amma nous assure que les bienfaits qu'on tire du temps consacré à ces pratiques ne sont jamais perdus. Toutes ces pratiques nous rapprochent du but.

Amma dit : « La spiritualité nous apprend à être forts face à n'importe quelle crise et à rester toujours heureux et satisfaits.

Cent Pots

La spiritualité nous aide à comprendre profondément la vie et à adopter la bonne attitude à son égard. »

Le Mahabharata dit de celui qui possède la vraie sagesse :

kuśalī sarva-duḥkheṣu sa vai sarva-dhano naraḥ

Quelles que soient les difficultés rencontrées par cette personne, elle reste joyeuse[55].

---

[55] Mahabharata 12.226.23.

Les attentes nous font souffrir

Une fois, une personne avec qui je travaillais sur un projet m'a dit qu'elle passerait le lendemain matin, car nous avions du travail à faire ensemble. Mais le lendemain matin, cette amie n'est pas venue. En fait, ça n'avait pas d'importance en soi. J'ai travaillé sur autre chose à la place. Mais malgré tout, j'étais déçue parce que je m'attendais à ce qu'elle vienne et qu'elle ne l'a pas fait. J'avais l'impression qu'elle s'en fichait. Elle n'avait pas pris la peine de me dire qu'elle ne viendrait pas. J'ai essayé de l'appeler, mais elle n'a pas décroché.

Plus tard, quand je l'ai revue, elle m'a expliqué qu'elle avait eu autre chose à faire. Lorsque je lui ai demandé pourquoi elle ne m'avait pas envoyé de message, elle m'a expliqué qu'elle avait un problème de téléphone. J'étais encore plus irritée après cette conversation. D'abord, je m'attendais à ce qu'elle vienne et elle n'était pas venue. Ensuite, je m'attendais à ce qu'elle reconnaisse qu'elle m'avait fait faux bond, mais au contraire, elle se contentait de rejeter la faute sur son téléphone. Elle se sentait bien ; moi, j'étais irritée. J'ai dramatisé la situation parce que mes attentes n'avaient pas été satisfaites. Ce n'était rien d'autre que ça : des attentes. En fin de compte, je n'avais pas perdu de temps et j'avais fait autre chose.

Dans le monde d'aujourd'hui, il est difficile de vivre sans attentes. Cela dit, on peut au moins essayer de s'attendre au négatif comme au positif. Amma donne un exemple : l'entreprise d'un homme fait faillite. Il décide de demander à son riche ami d'enfance de l'aider en lui prêtant 200 000 roupies. Il va le voir avec beaucoup d'attentes. Il se peut que l'ami lui prête 400 000 roupies à la place. Il se peut qu'il lui prête exactement la somme demandée. Il se peut aussi qu'il n'en prête que la moitié. Il se peut aussi qu'il dise qu'il est lui-même dans une situation difficile et qu'il ne prête rien du tout. Dans ce cas, l'homme pourrait se sentir dépité ou en colère si l'ami ne répond pas à ses attentes. Au lieu de n'attendre que le résultat souhaité, s'il avait abordé son ami avec un esprit ouvert, en comprenant qu'il y avait plusieurs résultats possibles, il aurait pu éviter la déception et la frustration.

Un incident du Mahabharata illustre la façon dont les attentes peuvent causer des problèmes, même pour les personnes les plus sages. La guerre était déjà bien avancée. Les grands guerriers Bhishma et Drona étaient tombés. Comme il trouvait difficile d'affronter les Pandavas, Duryodhana a demandé à Karna de diriger l'armée. Karna a accepté et a immédiatement attaqué Yudhishthira avec une telle férocité que le chef des Pandavas a été blessé et contraint de quitter le champ de bataille. Yudhishthira s'est senti humilié.

Alors que le char d'Arjuna, conduit par Krishna, se dirigeait vers Karna pour l'attaquer, Bhima se mit en travers de leur chemin. Il leur dit : « Yudhishthira a été blessé et a quitté le champ de bataille. »

Inquiet, Arjuna a imploré Krishna : « Je dois voir mon frère. Je ne peux pas me battre tant que je ne l'ai pas vu. »

Krishna a conduit le char à l'écart de cette bataille acharnée. En les voyant s'approcher, le visage de Yudhishthira s'est illuminé en pensant qu'Arjuna avait tué Karna au combat. Il a étreint Arjuna et a dit : « Tu as tué Karna ! Nous sommes tous fiers de toi, Arjuna. J'étais envahi par la peur, jour et nuit, en pensant à sa puissance. Quelle arme as-tu utilisée ? Comment l'as-tu tué ? »

Naviguer dans la vie

Arjuna a répondu : « Frère, je ne me suis pas encore battu avec Karna. En apprenant que tu étais blessé, nous avons voulu te voir. Avec ta bénédiction, je tuerai Karna demain sans faute. »
À ces mots, Yudhishthira a perdu son calme. Il s'est mis à faire des reproches à Arjuna : « J'ai accepté de mener cette guerre en fondant tous mes espoirs sur toi. À quoi bon avoir ce puissant arc Gandiva si tu es incapable de faire face à Karna ? Il est grand temps que tu donnes ton arc à Krishna, il anéantira nos ennemis. Quelle honte de fuir le champ de bataille ! »
Arjuna, à son tour, réagit avec indignation et fureur aux paroles de son frère. Finalement, Krishna est intervenu, il a sauvé la situation et rétabli l'harmonie entre les deux frères.

C'est leur unité qui faisait la force des frères Pandava. Pourtant, la pression de la guerre avait quand même mis la relation entre Yudhishthira et Arjuna à rude épreuve. Yudhishthira était de nature calme et posée. Même s'il était équilibré, Yudhishthira s'est laissé submerger à cause de ses attentes. Il s'attendait à ce qu'Arjuna ait déjà tué Karna, évitant ainsi un nouveau massacre. Il s'est senti déçu et a réagi avec colère.

Amma dit : « Ce sont les attentes qui causent de la douleur. Quand nous n'obtenons pas ce que nous voulons, nous nous sentons tristes. Cette tristesse fait place à la colère qui conduit finalement à la dépression. Mais tout commence par les attentes. »

On a tous vécu des moments dans la vie où on a perdu notre tranquillité d'esprit à cause des autres. Des moments où on s'est senti agité, en colère, triste, irrité, exclu ou trahi. Si on réfléchit à la cause profonde de ces sentiments, on se rend compte que ce n'est pas le comportement de l'autre personne qui est en cause. Notre agitation mentale venait plutôt de nos attentes non satisfaites.

Imaginons qu'on veuille annoncer une bonne nouvelle à un ami ou à sa famille. Cette nouvelle est très importante pour nous. On a attendu toute la journée pour leur annoncer. Finalement, quand on leur annonce la nouvelle avec enthousiasme, ils ne réagissent pas comme prévu. Ils disent simplement : « D'accord, bien » et changent de sujet. C'est le genre de choses qui suffisent à nous démoraliser. Quand on traverse une période difficile, on peut se tourner vers différentes personnes en espérant qu'elles feront preuve d'empathie et de soutien. Parfois, leurs réactions nous déçoivent et on finit par se sentir découragé et seul.

Notre peine est causée par nos attentes. On attend de l'amour, du soutien, de l'empathie, de l'attention et de la confiance. Lorsque ces attentes ne sont pas satisfaites, on souffre et nos relations en souffrent aussi. Les attentes nous empêchent de voir ce qu'il y a de bon chez les autres et en nous-mêmes. À cause de mes attentes, j'ai créé un tas de pensées négatives à l'égard de ma collègue qui, en réalité, n'avait rien fait de mal. À cause de ses attentes, Yudhishthira n'a pas vu qu'Arjuna était revenu du champ de bataille parce qu'il s'inquiétait pour lui.

Amma dit : « Actuellement, nous n'avons pas la capacité d'aimer vraiment les autres à cause de notre ego. On veut que les autres soient sur notre longueur d'ondes, mais on ne veut pas se mettre sur leur longueur d'ondes. Ainsi, l'ego bloque le flux de l'amour véritable. Aimez-vous les uns les autres sans aucune attente. Il sera alors inutile d'aller chercher le paradis ailleurs. »

Un tel amour peut sembler idéaliste et hors de portée. Mais Amma nous assure que nous en sommes capables. Comme l'amour est notre vraie nature, on ne peut jamais le perdre. Pour l'instant, on ne peut pas en faire l'expérience parce que, comme les nuages qui couvrent le soleil un jour de pluie, notre essence qui est amour divin est recouverte par nos désirs et notre égoïsme. Mais, il ne faut pas se décourager. On peut chasser ces

Naviguer dans la vie

nuages petit à petit. Dans un premier temps, on peut essayer de prendre conscience de nos attentes. Souvent, elles sont cachées, ce qui explique notre tendance à rendre les autres responsables de notre souffrance. Si on essaie d'identifier nos attentes inutiles et de comprendre pourquoi elles nous blessent, il devient plus facile de s'en débarrasser. Un autre moyen efficace de réduire nos attentes malsaines : essayer de développer des sentiments de compassion et de gratitude à l'égard de l'autre. On peut essayer de se mettre à sa place et de lui pardonner aussi facilement qu'on se pardonne à soi-même.

Titikṣā : La tolérance patiente

La Bhagavad Gita contient de nombreux messages puissants et éternels pour l'humanité. Un message est particulièrement pertinent en temps de crise : celui de *titikṣā* – la patience.

> *mātrā-sparśāstu kaunteya śītoṣṇa-sukha-duḥkhadāḥ āgam*
> *āpāyino'nityāstāmstitikṣasva bhārata*
>
> Le contact des sens avec leurs objets, ô fils de Kunti, engendre l'expérience du froid et de la chaleur, du plaisir et de la douleur.
> Transitoires, ils vont et viennent. Accepte-les patiemment, ô Arjuna[56] !

En entendant cela, l'image qui peut nous venir à l'esprit est celle d'un yogi debout sur un pied dans l'Himalaya, absorbé dans de grandes austérités, insensible au froid environnant. Cette personne peut faire preuve d'une grande patience et rester totalement imperturbable. Mais pour les gens ordinaires comme nous, les paires d'opposés font partie intégrante de notre vie quotidienne : le plaisir et la douleur, l'attraction et l'aversion, le chaud et le froid, les j'aime et les j'aime pas. Est-il vraiment possible de vivre dans le monde sans en être affecté ? Que veut dire le Seigneur Krishna lorsqu'il nous conseille d'avoir *titikṣā* ? Est-ce vraiment réaliste ?

Examinons le concept de *titikṣā* à partir d'un petit incident. Au début de la pandémie, une de mes amies a été testée positive. Le message qu'elle m'a envoyé ce jour-là était à peu près le

---

[56] Bhagavad Gita 2.14.

Naviguer dans la vie

suivant : « Je me sens très mal. J'ai des douleurs physiques et de la fièvre. Pourquoi ça m'arrive à moi ? J'ai fait très attention. Je me suis tenue à l'écart et je porte toujours un masque quand je sors. Et si ça devenait grave ? J'ai peur d'avoir des complications respiratoires. Je ressens une sorte de pression dans la poitrine. J'ai très peur. »

J'ai essayé de la rassurer et de lui dire de ne pas paniquer. Le lendemain matin, je lui ai demandé comment elle allait. Voici ce qu'elle m'a répondu : « Après avoir récité mon archana[57] ce matin, je me suis sentie mieux. Physiquement, je pense que mon mal de gorge et ma douleur physique ont un peu empiré. Je suis toujours un peu inquiète pour ma santé, mais la situation me semble moins dramatique maintenant. Je ne me sens pas si contrariée. Depuis que je me suis calmée, j'arrive aussi à mieux respirer. »

Remarquez la différence entre les deux messages. Mon amie s'est trouvée dans une situation difficile. Mais le premier jour, sa peur et sa panique ont pris le dessus et tout lui semblait intolérable. Sa réaction lui a ajouté une souffrance supplémentaire. Mais cela a changé le lendemain grâce à son changement de perspective. La situation extérieure est restée la même, mais mon amie n'a pas créé de stress en plus. C'est ce qu'on entend par *titikṣā*.

Amma dit : « Nous n'avons aucun contrôle sur 10% des expériences de la vie, mais les 90% restants dépendent de nos réactions aux premiers 10%. Donc, si nous sommes capables de répondre à ces situations plutôt que d'y réagir, nous pouvons à coup sûr transformer les choses à notre avantage. Il y a une chose que nous pouvons toujours contrôler : notre attitude mentale. Essayons d'être forts et optimistes. »

---

[57] Les mille noms de la Mère Divine.

Cent Pots

En entendant ça, certains pourraient se demander : « Mais qu'en est-il de ceux d'entre nous qui ont subi une perte terrible ? Comment appliquer *titikṣā* dans ce cas ? » Dans de telles situations, on peut puiser de la force dans ce que dit le Seigneur Krishna à propos de la nature des expériences humaines : *āgamāpāyinaḥ*, elles vont et viennent, elles ont un début et une fin. Quel que soit notre accablement, il passera. Tout dans le monde est éphémère, même les pires chagrins ne font pas exception à la règle.

Une de mes connaissances a perdu son fils adulte. Inutile de dire que son chagrin est inimaginable. Mais elle dit que ce qui lui permet de se lever chaque matin et de garder courage, c'est la pensée que l'intensité de ce chagrin passera, tôt ou tard. La vie reprendra son cours.

Certains d'entre nous sont confrontés à des problèmes qui risquent de durer, du moins au cours de cette vie. Certains doivent vivre avec des douleurs chroniques, qu'elles soient psychologiques ou physiques. Un membre de leur famille qui pose problème à d'autres. Dans ces cas, être capable d'amener son mental à accepter ce qu'on ne peut pas contrôler est très aidant. Ça ne fait pas disparaître la difficulté, mais ça nous permet de nous éloigner progressivement des schémas de pensée qui renforcent nos sentiments négatifs à l'égard de la situation. Chaque fois qu'on essaie d'être dans le moment présent et de ressentir un certain degré de paix face à la situation, on affaiblit notre habitude de créer des histoires qui nous tirent vers le bas. Grâce à cette pratique de *titikṣā*, on apprend à être gentil et compatissant envers nous-même. Ça nous donne progressivement la force de faire face à la situation avec calme et courage.

Amma dit : « Tout le monde aura des échecs et de la tristesse dans la vie. Mais nous ne devons pas perdre notre courage, notre présence d'esprit et notre optimisme en traversant ces phases.

Naviguer dans la vie

Et même si nous les perdons, nous devrions être capable de les retrouver rapidement. Nombreux sont ceux qui s›apitoient sur leur sort pour de petits échecs, ils rejettent la faute sur les autres et sont aigris dans leur vie. Pourtant, de nombreuses personnes vont de l'avant avec courage et optimisme, même en pleine douleur. Ne désespérez pas. Ne laissons pas s'éteindre la petite flamme de la foi. »

Les défis de la vie peuvent parfois sembler difficiles à surmonter. On a peut-être perdu quelqu'un de proche. On est peut-être loin de sa famille. On peut avoir perdu son emploi ou être confronté à des difficultés au travail. On peut être en proie à la dépression ou à un sentiment de solitude. Pourtant, dans ces moments-là, on peut essayer de ne pas se décourager. Si on essaie de garder courage dans la douleur, notre attitude sera une source de force et d'inspiration pour notre entourage. Il est impossible de changer notre vision de la vie du jour au lendemain. Mais si on persévère, on peut progressivement augmenter son niveau de *titikṣā* et éviter plus de souffrances à cause de nos pensées. On peut essayer de supporter les épreuves avec courage, en refusant de se laisser dévorer par l'obscurité. Même si on ne la voit pas encore, la lumière est au bout du tunnel.

L'arme de la sagesse

À la fin de la guerre du Mahabharata, sur le champ de bataille de Kurukshetra, Gandhari a vu des milliers d'épouses et de mères pleurer pitoyablement sur les corps de leurs maris et de leurs fils. Elle s'est adressée à Krishna et lui a dit : « Krishna, c'est de ta faute ! Si tu l'avais voulu, tu aurais pu empêcher cette guerre. Tu ne t'en es pas donné la peine. Tu aurais pu apaiser l'hostilité entre les cousins. Au lieu de cela, tu as choisi de te ranger du côté des Pandavas. Tu as entraîné la ruine de toute la lignée des Kurus. Moi, Gandhari, je te maudis et ton clan mourra de la même façon que mes enfants. Les hommes de ton clan se battront entre eux et s'entretueront jusqu'au dernier. Et tes femmes pleureront alors, comme nous toutes aujourd'hui ! Quant à toi, Krishna, tu mourras tout seul. Tu auras une mort ordinaire, sans aucune gloire. Je te maudis pour la mort de tous les héros Kauravas ! »

En réalité, Krishna avait sincèrement tenté d'arrêter la guerre. Il s'était rendu à l'assemblée des Kauravas en tant que messager de paix, dans une dernière tentative pour empêcher la guerre. Il est toujours resté fermement établi dans le dharma.

Même face à cette accusation mensongère et à cette terrible malédiction, Krishna a gardé le sourire. Il ne s'est pas laissé troubler le moins du monde et n'a pas gardé de rancœur envers Gandhari. C'est parce qu'il connaissait la nature du monde et du mental humain. Il savait à quoi s'attendre.

Le Seigneur Krishna n'a pas eu besoin d'essayer de s'imprégner de grandes vérités sur la nature du monde. Cette connaissance faisait partie intégrante de son être. Par conséquent, il n'avait naturellement pas d'attentes irréalistes à l'égard du monde. C'est ce qui lui a permis de faire face à une situation très difficile avec une sérénité gracieuse.

Cependant, ce n'est pas le cas pour les gens ordinaires comme nous. Amma dit : « Parfois, nous pouvons avoir l'impression que notre mental est très paisible. Cependant, lorsqu'une situation se présente, la colère nous pousse à réagir de manière irréfléchie. Sans même réfléchir un instant, nous réagissons. Dans des circonstances défavorables, ce qui compte, c'est la maturité et le discernement avec lesquels nous pouvons réagir. »

Un jour, j'étais agacée par une collègue de travail. Je m'étais déjà retrouvée dans cette situation avec elle, mais pour une raison que j'ignore, je me suis sentie particulièrement irritée cette fois-là. Je savais par expérience qu'il était inutile d'essayer de me plaindre auprès d'elle. Si je le faisais, elle ferait croire que je dramatisais et je me sentirais encore plus frustrée.

Pour ma propre tranquillité d'esprit, j'ai décidé qu'il valait mieux ne pas exprimer directement ma frustration à cette personne. Des amis se trouvaient à proximité et j'ai commencé à leur raconter ce qui s'était passé, en espérant que ma frustration s'atténuerait un peu en en parlant. Mais, pas de chance, la personne en question est passée par là à ce moment-là. Et, encore pire, j'ai laissé échapper quelque chose sans réfléchir. J'ai lâché : « Tu vois, je me plains auprès d'eux parce que je sais que ça ne sert à rien d'essayer de te parler directement. »

Comme on pouvait s'y attendre, elle a répondu : « Ne fais pas ça. Tu n'as qu'à me parler. »

Et voilà. Ce qui est arrivé ensuite est exactement ce que je voulais éviter. J'ai commencé à faire la liste de mes griefs. Elle s'est mise sur la défensive et a commencé à se justifier et à nier. J'ai fini par perdre toute ma tranquillité d'esprit et je me suis sentie en colère et extrêmement frustrée.

Mais alors que je m'éloignais, j'ai entendu des mots d'Amma résonner dans ma tête, des mots que j'ai entendus un nombre incalculable de fois. Des mots que j'ai souvent utilisés pour conseiller les autres. Des mots que j'ai oubliés lorsqu'il a fallu les mettre en pratique. Voici ce que dit Amma : « Ce qui compte, c'est la maturité et le discernement avec lesquels nous pouvons réagir à une situation. »

J'ai vu que j'avais échoué au test. Pourquoi est-ce que j'ai agi comme ça ? À cause de cette forte frustration. J'avais déjà fait l'expérience de cet aspect de la personnalité de cette personne et je savais qu'elle n'accepterait aucune responsabilité. Alors, pourquoi avoir attendu un autre comportement de sa part et m'être mise dans tous mes états ? Il était clair que j'étais furieuse et qu'elle allait très bien et n'était pas touchée. J'étais la seule à souffrir de ma colère. Elle poursuivait sa journée sans se laisser perturber.

On connaît peut-être en théorie la nature du monde et des personnes qui nous entourent. On sait peut-être que ce n'est pas bon pour nous d'avoir des attentes irréalistes à l'égard des autres. Mais cette sagesse nous fait souvent défaut au moment où on en a besoin. Cela me rappelle des histoires tirées des Puranas[58], où un guerrier oublie le mantra particulier pour invoquer son arme céleste. Ça se produit toujours au beau milieu de la bataille, au moment où le guerrier en a le plus besoin.

Comment y remédier ? Comment s'assurer que nous disposons de notre arme de la connaissance au moment où on en a besoin, quand des situations difficiles se présentent ? Cette connaissance doit devenir une partie de nous.

Amma parle souvent de l'importance d'avoir un intervalle entre nos pensées et nos actions. Cet intervalle permet à la

---

[58] Textes anciens, contenant de nombreuses histoires hindoues bien connues.

lumière de la conscience de briller et d'invoquer nos armes célestes de la connaissance et de la compréhension. Lors de la dispute avec ma collègue, si j'avais pris du recul et réfléchi un moment, j'aurais pu me comporter avec plus de maturité. J'aurais pu essayer de comprendre ses actions. Au lieu de me mettre en colère, j'aurais pu essayer d'avoir de la considération et de la sympathie.

Mais, à force d'assimiler les connaissances spirituelles et de se les approprier, réagir aux situations avec maturité devient plus naturel. Amma dit : « Réfléchir aux vérités spirituelles doit faire partie de notre vie, tout comme nous mangeons, dormons et respirons. Cela nous aidera à développer la force de nous dépasser dans les situations difficiles. La spiritualité n'est pas quelque chose à pratiquer une fois de temps en temps. Elle doit être avec nous, dans nos cœurs, tout le temps, comme un ami cher. »

Voir les choses à l'endroit

Un jour, un ami m'a raconté une histoire drôle. Quelques jours auparavant, un collègue lui avait demandé de l'aide pour un problème technique. Il essayait de participer à une réunion Zoom importante et son ordinateur portable n'arrêtait pas de se bloquer. Mon ami a réussi à faire fonctionner Zoom. Un message s'est alors affiché à l'écran, demandant de connecter le microphone. Il a pris un appareil rond et noir sur le bureau et a demandé : « C'est ton micro, c'est ça ? »

Son collègue a dit : « Non, non ! C'est la caméra ! » Et il lui a montré le micro.

Mon ami a reposé la caméra et a connecté le micro à l'ordinateur. Tout semblait correctement installé. Ils étaient prêts. Mon ami a rejoint la réunion et cliqué sur les icônes pour allumer la caméra et le micro. Ils ont tous deux eu un choc en voyant la vidéo du collègue : elle était à l'envers.

Mon ami a immédiatement essayé de réajuster la position de la caméra. Mais l'image à l'écran est restée à l'envers. Pendant la réunion, il a fait plusieurs tentatives pour résoudre le problème. Il est allé dans les paramètres vidéo. Il a essayé de débrancher et rebrancher la caméra. Mais sans succès. Il n'y avait plus qu'à redémarrer l'ordinateur et le système. Mais la réunion était déjà bien avancée, il était impossible de sortir de la réunion pour redémarrer l'ordinateur. Son collègue a donc fini par faire toute la réunion avec sa vidéo à l'envers.

On a bien ri en l'écoutant raconter cette histoire. Mais en plus, cette histoire m'a aussi fait réfléchir. On a tous un outil dont on n'arrive pas à se servir de temps en temps. Il ne s'agit pas d'une caméra ni d'un micro, mais d'un outil dont on se sert toute la vie, chaque jour. Cet outil, c'est notre mental. C'est pourquoi, notre perception du monde qui nous entoure est fréquemment « à l'envers ». Notre mental est comme la caméra au travers de laquelle on perçoit le monde. Naturellement, si cette caméra a un défaut, elle déforme du même coup notre perception.

Amma nous rappelle souvent que quand on achète une machine neuve, un mixeur par exemple, il y a un manuel d'utilisation. Il faut commencer par lire le manuel pour utiliser la machine correctement. Par exemple, il vous expliquera comment faire pour que le moteur ne surchauffe pas. On a tous un outil complexe, le mental, mais on ne nous a pas appris à nous en servir correctement.

La spiritualité nous donne le manuel d'utilisation du mental. Elle nous donne à la fois la connaissance et la formation pour voir tout ce qui nous arrive dans la journée comme une opportunité pour grandir. De cette façon, on apprend progressivement à voir le monde à travers le prisme de la gratitude et de l'équanimité.

Duryodhana, dans le Mahabharata, est un bon exemple de quelqu'un qui voit le monde « à l'envers ». À la suite d'un complot malveillant et d'une partie de dés truquée, les Kauravas ont exilé leurs cousins, les Pandavas et leur épouse Draupadi, dans la forêt pendant 12 ans. Pendant les dernières années de leur exil, les Pandavas ont vécu dans une forêt appelée Dvaitavana.

Duryodhana, le principal responsable de leurs difficultés, a voulu remuer le couteau dans la plaie des Pandavas. Il a organisé une expédition à Dvaitavana, sous prétexte de faire l'inventaire du bétail du royaume. En réalité, il voulait simplement faire étalage de sa richesse et de son pouvoir.

Mais les choses ne se sont pas déroulées comme Duryodhana l'avait prévu. Lui et ses femmes ont été capturés par des gandharvas (êtres célestes) qui voulaient le punir de son arrogance. Finalement, ce sont les Pandavas qui sont venus au secours de Duryodhana. Avant que Duryodhana ne retourne à Hastinapura avec sa suite, Yudhishthira lui a dit en guise d'adieu : « Va en paix, que tout aille bien pour toi. »

Duryodhana aurait pu se sentir reconnaissant envers les Pandavas. Après tout, Yudhishthira l'avait traité comme un frère et l'avait sauvé. Duryodhana aurait pu profiter de l'occasion pour se réconcilier avec ses cousins et leur rendre leur royaume. Il aurait pu se rendre compte qu'avec leur force et leur intégrité incroyables ils feraient d'excellents alliés. Il aurait pu se sentir reconnaissant envers la vie, car, malgré ses mauvaises intentions, il avait été épargné et traité avec respect.

Au contraire, Duryodhana a plongé dans le désespoir le plus complet. Il ne pensait qu'à la honte d'avoir été aidé par les Pandavas. En réalité, la vie le traitait avec bienveillance. Mais sa vision déformée lui donnait l'impression que tous les éléments étaient contre lui. Au lieu de se sentir soutenu, il avait l'impression que tout le monde était contre lui, à tel point qu'il a même envisagé de se suicider.

On peut penser qu'on n'est pas du tout comme Duryodhana. Mais en réalité, il y a probablement des situations dans lesquelles nous avons des pensées du même genre. Parfois, il suffit d'un petit défi ou d'une petite difficulté pour nous plonger dans le désespoir. Parfois, notre humeur nous pousse à tout voir en noir et on voit tout en négatif. Dans ces moments-là, on se démoralise et on risque de déteindre sur notre entourage.

Amma dit que notre mental se concentre sur ce qui nous manque, ou sur ce qui ne nous plaît pas, un peu comme la langue qui va vers l'endroit où il manque une dent. La spiritualité nous apprend à voir chaque chose à sa juste place, sans accorder une importance excessive à ce qui ne le mérite pas.

Naviguer dans la vie

Ainsi, la spiritualité nous apprend à développer la gratitude, plutôt que de nous concentrer sur le négatif.

Amma dit : « La gratitude est la capacité de nous souvenir avec humilité de tout le soutien et de toute l'aide que nous avons reçus dans la vie. C'est un état d'esprit. Lorsque nous reconnaissons, avec amour, le bon chez l'autre, cela nous aide à éveiller notre propre bonté. En fait, la gratitude nous profite plus qu'à n'importe qui d'autre. La positivité et la bonté qui s'éveillent en nous grâce à la gratitude profitent à leur tour à la société et au monde entier. »

Malheureusement, on ne peut pas transformer notre vision de la vie, comme par magie, du jour au lendemain. Parfois, comme Duryodhana, notre esprit se focalise sur quelque chose de négatif et on voit tout de travers. Bien sûr, ça ne sert à rien de s'en vouloir pour nos pensées négatives. On en a tous ; elles surgissent sans avoir été invitées. Mais quand ça se produit, la solution c'est d'essayer de les laisser passer plutôt que de s'y attarder.

Amma dit : « Les pensées négatives surgissent parce qu'il est temps qu'elles disparaissent. Apprenez à voir vos pensées comme un paysage qui défile à la fenêtre d'un train en marche. »

Plus on entraîne notre mental à voir la vie avec une perspective spirituelle, plus nos pensées négatives s'affaibliront et moins elles seront fréquentes. Peu à peu, nous serons en mesure de voir le monde « à l'endroit », c'est-à-dire à travers le prisme de la gratitude.

11

Spiritualisez votre journée

On trouve une phrase célèbre dans l'Ishavasya Upanishad :

īśāvāsyam idam sarva

Tout dans cet univers est enveloppé par Dieu[59].

À la lumière de ce qui précède, les occasions de se connecter au sacré qui est en nous ne se limitent pas au temps passé dans un temple, une église ou une mosquée. Notre spiritualité gagne en profondeur quand elle s'étend à tous les domaines de notre vie quotidienne. Quelle que soit la façon dont on passe nos journées, au travail ou à la maison, on peut utiliser chaque activité pour favoriser sa croissance spirituelle.

---

[59] Ishavasya Upanishad verset 1.

Les compétences en action

Un matin, je suis allée sur la terrasse pour étendre mon linge comme d'habitude et là, juste devant moi, il y avait une chatte. Elle était assise au milieu de la terrasse et me regardait. On aurait dit qu'elle attendait que quelqu'un vienne. Elle s'est immédiatement approchée de moi et a commencé à tourner autour de mes jambes en ronronnant. Elle s'est ensuite éloignée un peu et s'est mise à côté de quelque chose. Elle m'a regardé dans l'expectative. Je me suis approchée : elle se tenait à côté d'une souris morte.

J'ai compris pourquoi elle avait attendu que quelqu'un vienne : elle voulait montrer son trophée. Grisée d'avoir capturé sa proie, elle dansait autour de moi en ronronnant de fierté !

J'ai ri toute seule en pensant qu'on se comporte exactement de la même manière. Quand le résultat de notre travail est à la hauteur de nos attentes, on est heureux, on ressent une certaine fierté. Et quand les autres le reconnaissent et l'apprécient, on est fous de joie. Il n'y a rien de mal à ça en soi. C'est tout à fait naturel. Mais en même temps, on doit se rappeler que ça ne doit pas être notre priorité.

Si on accorde trop d'importance aux résultats de nos actions, on ne pourra pas conserver l'équilibre et la paix mentale quand on sera confronté à l'échec. Or, l'échec fait partie intégrante de la vie, au même titre que la réussite. Personne ne peut rien y changer.

Le Seigneur Krishna nous dit dans la Bhagavad Gita :

sukha-duḥkhe same kṛitvā lābhālābhau jayājayau

Cent Pots

Considérez les bons moments et les difficultés, les profits et les pertes, les victoires et les défaites avec équanimité[60].

C'est l'un des plus grands messages que la Bhagavad Gita transmet à l'humanité. Les hauts et les bas sont dans la nature même de la vie. Krishna poursuit en disant à Arjuna de « se battre ». Il lui dit cela parce qu'Arjuna était un guerrier et que, dans ce contexte, il devait prendre part à la guerre qu'ils avaient tenté, sans succès, d'arrêter. Par ces paroles adressées à Arjuna, Krishna nous demande à tous de persévérer dans notre domaine. Il nous demande de travailler au mieux de nos capacités sans nous inquiéter du résultat.

Amma dit : « Accomplissez ce que vous faites avec soin, sans penser ni vous préoccuper du résultat. Le *karma yogi*[61] sait que le résultat de ses actions ne dépend pas de lui et qu'il n'est qu'un instrument entre les mains de Dieu. Par conséquent, il accomplit chaque action, quelle qu'elle soit, le plus sincèrement possible et accepte le résultat, quel qu'il soit, comme étant la volonté de Dieu. Il ne s'inquiète pas des fruits de son action. »

Je me souviens de la première fois où on m'a demandé de donner un enseignement en malayalam pour Amrita TV. Il s'agissait d'un enseignement court sur mon amour pour l'Inde. J'étais assez nerveuse et j'ai beaucoup répété, vraiment beaucoup. Le tournage a eu lieu et, quelques semaines plus tard, l'émission a été diffusée. Plusieurs personnes m'ont dit à quel point elles avaient aimé mon enseignement. Plus on me faisait de compliments, plus j'étais ravie.

Puis on m'a demandé de préparer un autre enseignement. L'équipe n'avait pas compris à quel point le malayalam était difficile pour moi. Elle a surestimé ma maîtrise de la langue et

---

[60] Bhagavad Gita 2.38.
[61] Un chercheur qui suit la voie du karma yoga, de l'action.

Spiritualisez votre journée

m'a donné le même temps de préparation qu'aux autres intervenants, soit deux semaines. J'ai essayé de préparer l'enseignement aussi vite que possible, mais quand j'ai fini de le rédiger, il ne me restait plus que quelques jours pour répéter.

L'équipe télé, environ huit personnes, est venue de Trivandrum pour installer le studio. Je devais passer en premier. J'étais face aux caméras et aux projecteurs. Ce n'est que quand les enregistrements ont commencé que j'ai réalisé à quel point ma préparation intensive avait été essentielle dans le succès de mon premier discours.

Cette fois-ci, j'ai parlé de façon plus hésitante et plus maladroite et le producteur a dû m'interrompre sans cesse pour corriger ma prononciation. J'ai fini par devoir reprendre plusieurs paragraphes et la séance a donc duré beaucoup plus longtemps que prévu. L'intervenant suivant est arrivé pour son enregistrement alors que j'étais loin d'avoir terminé le mien. À cause du retard, il a dû s'asseoir dehors et attendre. Je sentais que les cameramen et le reste de l'équipe perdaient patience, car il fallait sans cesse reprendre des passages. Plus ça traînait, plus j'étais stressée, et le stress me faisait faire encore plus d'erreurs.

La séance s'est enfin terminée. À la fin, le producteur est venu vers moi et m'a demandé : « Qu'est-ce qui s'est passé ? Tu t'étais bien mieux débrouillée la dernière fois ! » Je lui ai répondu que je n'avais pas pu répéter suffisamment. Pour couronner le tout, j'ai été malade en voiture pendant le court trajet de retour entre le studio et l'ashram. Je suis rentrée nauséeuse, abattue et m'apitoyant sur mon sort. Le reste de la journée, chaque fois que je repensais à la séance de tournage, c'était comme si je revoyais un cauchemar.

Pendant les bhajans du soir, j'étais toujours aussi insatisfaite et déçue. À un moment donné, je me suis rendu compte à quel point mon état d'esprit était négatif. J'ai décidé d'essayer de sortir de mon apitoiement pour me concentrer sur les bhajans. C'est alors qu'Amma a entonné un chant qui disait : *sarvārpaṇa-bōdham nila-nilkkunnuṇḍ-eviḍe, garvaṅgaḷ akannīṭina śāntātmāv-aviḍe*, Là où il y a abandon total, l'âme est remplie de paix, dépourvue de tout orgueil[62].

J'ai immédiatement compris que je n'étais pas du tout en phase avec l'enseignement du bhajan. L'idée du *karma yoga*[63] est d'accomplir ses actions au mieux de ses capacités et d'en remettre les résultats à Dieu, à l'univers. Certes, j'avais essayé de faire de mon mieux. Mais mon bonheur était dicté par les résultats de mes actions. Après le succès du premier tournage et les félicitations et les compliments que j'avais reçus, je suis fièrement montée au septième ciel, un peu comme le chat qui ronronne d'orgueil après avoir attrapé la souris ! Après le deuxième tournage, quand mes actions ont été critiquées, j'ai sombré dans l'apitoiement.

J'avais créé ma propre peine en m'attachant trop aux résultats de mes actions. En comprenant ça, mes sentiments négatifs à l'égard de l'enregistrement du matin se sont instantanément dissipés. Je me suis sentie calme et détendue : j'avais fait de mon mieux dans les deux cas. Je ne devais pas m'inquiéter des résultats, qui étaient influencés par divers autres facteurs indépendants de ma volonté.

Comme le dit le Seigneur Krishna :

karmaṇyevādhikāraste mā phaleṣu kadācana

Tu n'as de contrôle que sur l'action, jamais sur ses fruits[64].

---

[62] Svīkarichīḍū mama mānasa-pūjā.
[63] La voie de l'action.
[64] Bhagavad Gita 2.47.

Spiritualisez votre journée

Amma explique qu'accomplir nos actions avec une attitude de détachement quant aux résultats ne signifie pas agir sans plan ni objectif. Ce serait de la folie. Ça signifie plutôt qu'il faut essayer de ne pas avoir d'attentes vis-à-vis des résultats. Après tout, beaucoup de facteurs influencent le résultat de nos actions et il se peut qu'on n'ait pas le résultat souhaité. C'est en agissant avec cette compréhension qu'on se protège d'une souffrance et d'une déception inutiles. De plus, laisser tomber nos préoccupations quant au résultat libère notre mental, ce qui nous permet de mieux nous concentrer sur la tâche à accomplir et de donner le meilleur de nous-mêmes. Le résultat de l'action viendra à nous, qu'on soit inquiet ou pas. En déplaçant notre attention des résultats vers l'action elle-même, on laisse notre potentiel intérieur s'exprimer.

Aimer notre travail

Un jour, à Amritapuri, Amma a mené une discussion sur l'attitude à avoir vis-à-vis du travail. Différentes personnes ont pris le micro et ont fait part de leurs réflexions sur le sujet. Une dévote allemande a offert une perspective mémorable. Elle nous a dit : « J'étais au Sri Lanka au moment du tsunami. Lorsque l'eau est arrivée, je n'étais pas en état de me sauver. Je ne pouvais même pas me lever toute seule. J'ai donc compté sur les autres pour me sauver. C'est grâce à l'aide des autres que j'ai survécu. Cet incident a marqué un tournant dans ma vie ; cette expérience m'a profondément marquée. Après le tsunami, après avoir repris ma vie en Allemagne, les images du tsunami me hantaient. Je n'arrêtais pas de penser aux milliers de personnes qui avaient perdu la vie. Et j'ai eu un sentiment de culpabilité, culpabilité d'avoir survécu contrairement à tant d'autres.

« J'ai ressenti un vide dans ma vie et au travail. J'ai pensé que, puisqu'on m'avait permis de survivre, je devais au moins faire du bien dans le monde pendant le reste de ma vie. Mon travail consistait à diffuser des émissions pour une station de radio. Soudain, il m'a semblé vide et dénué de sens. Ma vie semblait vide si elle n'était pas utile. En même temps, je me sentais un peu impuissante et je n'avais aucune idée de ce que je pouvais faire pour être utile au monde.

« Un jour, j'ai rencontré une bonne amie et je lui ai parlé du vide que je ressentais et de ma frustration parce que mon travail n'était pas un travail de service. Mon amie m'a dit : "Pourquoi penses-tu que ton travail ne peut pas être un métier de service ? Si tu fais ton travail à la radio avec amour et sincérité, de ton

Spiritualisez votre journée

mieux, il deviendra du service. Sais-tu combien de personnes seront touchées en entendant ta voix et les questions que tu poses pendant les interviews ?" »

La dame a poursuivi : « Les paroles de mon amie ont complètement changé ma vision des choses. Elles m'ont ouvert les yeux. J'ai commencé à faire mon travail avec autant d'amour et de sincérité que possible. J'ai ressenti un sentiment d'accomplissement, un sens à mon travail. »

Cette histoire m'a rappelé une phrase d'Amma : « Si nous nous investissons corps et âme dans une activité, elle deviendra une formidable source d'inspiration. Le produit d'une action accomplie avec amour porte en lui une présence perceptible de lumière et de vie. Cette réalité d'amour remplira l'esprit des gens d'inspiration. »

Ce qui compte, ce n'est pas tant ce qu'on fait que la manière dont on le fait. Ce qui donne un sens à la vie n'est pas l'ampleur ou le succès de nos actions. C'est plutôt le soin et l'attention apportés à ces actions, aussi petites ou insignifiantes qu'elles puissent paraître.

Le sage Agastya a suggéré à Rama de passer les dernières années de leur exil dans un endroit appelé Panchavati. Rama, Sita et Lakshmana ont suivi ses instructions et sont arrivés dans un bel endroit près de la rivière Godavari.

Rama a pris la main de Lakshmana et a fait le tour de Panchavati. L'endroit était délimité par cinq gigantesques banians. Rama a choisi un endroit idéal pour leur maison, au sommet d'une petite colline. Il ne serait pas inondé pendant la mousson. L'endroit était parfaitement propre. De chaque côté, la vue sur les montagnes était magnifique. Des oiseaux de différentes couleurs volaient tout autour. L'endroit regorgeait d'arbres fruitiers et de plantes à fleurs. Un petit ruisseau, affluent de la rivière, bordait leur campement. C'était vraiment un endroit idéal.

Cent Pots

Lakshmana s'est mis au travail. Il a ramassé des branches, des herbes et des feuilles. Il s'est complètement concentré sur la construction. Il a aplani le sol et l'a surélevé avec une épaisse couche d'argile. Pour la structure, il a utilisé des cannes de bambou en guise de piliers. Ils fourniraient un soutien solide, résistant à toutes sortes d'intempéries. Pour les murs, il a utilisé des branches de shami et des brins de jute. Il a isolé le tout avec des brins de kusha et d'autres types d'herbe. Lakshmana a construit la hutte avec beaucoup d'amour et de dévouement. Au bout de plusieurs jours, elle était prête. Il s'est baigné dans la Godavari et a ramené des lotus de la rivière. Il a offert les lotus aux devatas[65] de la forêt et a psalmodié quelques mantras pour éloigner le mal. Il est ensuite allé voir Rama et Sita et leur a dit que la maison était prête. Rama l'a accompagné et a admiré la hutte charmante et solide. Ému par le travail de Lakshmana, Rama a eu les larmes aux yeux. Il a pris son frère dans ses bras et lui a dit : « Tu as accompli un grand exploit. Ô mon frère, tu fais tant pour moi et tout ce que je peux faire pour te récompenser, c'est te prendre dans les bras. »

Quel était le secret de la beauté et de la perfection du travail de Lakshmana ? C'est l'amour et la sincérité qu'il y avait mis. Il était pleinement présent quand il accomplissait sa tâche et donnait le meilleur de lui-même. Chaque branche, chaque tronc et chaque brin d'herbe était imprégné de l'amour qu'il portait à son frère Rama.

Amma dit : « Faites votre travail et accomplissez vos obligations de tout votre cœur. Essayez de travailler de manière désintéressée et avec amour. Donnez-vous à fond dans tout ce que vous faites. Alors vous sentirez et expérimenterez la beauté et l'amour dans tout ce que vous faites. L'amour et la beauté

---

[65] Dieux ou déités.

Spiritualisez votre journée

sont en vous. Essayez de les exprimer par vos actions et vous toucherez sans aucun doute la source même de la félicité. »

Le travail comme acte d'adoration

Il y a un moyen de mettre de l'amour dans notre travail, c'est de le faire avec une attitude d'adoration. Il s'agit de la *bhakti*, un aspect important de la spiritualité du sanatana dharma. La *bhakti* est l'amour et la dévotion envers le divin. En fin de compte, son but est de nous conduire à une vision large qui nous permet de voir le divin en toute chose. Les similitudes entre les expressions d'amour pour Dieu dans les différentes traditions religieuses sont particulièrement inspirantes. Par exemple, les poèmes poignants de Saint Jean de la Croix[66] évoquent les chants d'amour d'Akka Mahadevi[67] et les écrits d'Abu Sa'id[68]. Amma dit que Dieu est amour inconditionnel. L'amour pour Dieu est, en fait, l'amour pour l'amour en soi. Comme c'est un peu abstrait, il peut être plus facile d'orienter son amour vers une représentation plus tangible de Dieu : une divinité, le guru ou une image. Il peut également s'agir d'une qualité divine telle que la compassion ou la lumière, ou encore la nature. Ramana Maharshi a vénéré le Seigneur Shiva sous la forme de la colline d'Arunachala. La *bhakti* est, en fait, l'amour du Soi manifesté extérieurement pour nous aider à découvrir le Soi intérieur.

Un jour, une jeune fille est venue se plaindre à Amma. Elle voulait étudier des sujets liés à la spiritualité, comme le sanskrit et les Écritures. Ses parents, eux, voulaient qu'elle étudie la médecine. Amma a expliqué à la jeune fille que sa voie était de

---

[66] Prêtre et mystique catholique.
[67] Poétesse et sainte indienne.
[68] Poète persan vénéré comme l'un des pères du soufisme.

devenir médecin. Elle essayait d'argumenter avec Amma et dit : « Mais, Amma, je veux mener une vie spirituelle. » Amma a eu une réponse magnifique. C'était une réponse pertinente pour chacun d'entre nous. Amma a dit : « Mener une vie spirituelle ne consiste pas à faire uniquement des choses liées au sanskrit, aux Écritures et aux pratiques spirituelles formelles. Il s'agit plutôt de rendre spirituel chaque aspect de notre vie. »

En général, la plupart des gens pensent que la spiritualité se limite à la méditation, à l'étude des Écritures, à la récitation de mantras et à la contemplation. Certains d'entre nous peuvent penser que c'est bien beau de parler de la nécessité des pratiques spirituelles, mais comment faire si on n'a pas le temps ? Peut-être que les moines peuvent parler de l'importance de ces choses, mais qu'en est-il de ceux qui ont une famille, un travail et des factures à payer ?

Mais Amma dit : « La spiritualité, ce n'est pas tant ce que l'on fait que la façon dont on le fait. »

On a tous tendance à travailler avec des attentes. On travaille dur en espérant le respect et l'appréciation de nos collègues et des promotions de notre patron. On balaie son jardin et on le garde propre, en espérant que les voisins le remarquent. À l'école, on travaille dur pour obtenir de bonnes notes, en espérant que notre avenir sera assuré. On prépare de délicieux repas en attendant de la reconnaissance et des éloges. On s'habille bien, en espérant des compliments. Une grande partie de notre vie est basée sur l'attente de résultats futurs.

Quand on a cet état d'esprit, la souffrance est inévitable. La vie ne sera jamais à la hauteur de nos attentes et même si nos attentes sont satisfaites et qu'on obtient une certaine satisfaction, ce n'est que de courte durée. Les désirs sont sans fin et le prochain désir du mental n'est pas loin. Comme c'est l'état habituel de notre mental, que peut-on faire pour aligner son attitude avec les principes spirituels ?

Dans la Bhagavad Gita, Krishna dit que, que nous en soyons conscients ou non, tout le monde accomplit constamment des actions. S'asseoir est une action, penser est une action et même cligner des yeux est une action. Puisque les actions font inévitablement partie de la vie, on peut essayer de les réorienter et d'en faire un chemin pour s'élever, un chemin vers le divin. Le Seigneur Krishna nous indique comment procéder :

> *yat karoṣi yad-aśnāsi yajjuhoṣi dadāsi yat yat tapasyasi kaunteya tat kuruṣva mad-arpaṇam*
>
> Quoi que tu fasses, quoi que tu manges, quoi que tu offres en oblation au feu sacré, quoi que tu donnes en cadeau, et quelles que soient les austérités que tu accomplis, ô fils de Kunti, fais-le en offrande à moi[69].

Amma dit : « Faites de chaque action une offrande au divin, avec *pūjā-manobhāva* (une attitude d'adoration). Plutôt que d'essayer de changer la situation extérieure, attachez-vous à changer votre attitude. Notre attitude change la façon dont nous percevons une situation. Lors de l'archana (répétition des noms du divin), nous offrons avec amour des fleurs à chaque mantra ; nous devrions essayer d'offrir chacune de nos actions aux pieds du divin avec la même dévotion. De cette manière, chaque action peut devenir une puja (adoration). »

Il y a plusieurs années, j'ai consulté un médecin ayurvédique dont un petit geste m'a profondément impressionnée. Après avoir rédigé l'ordonnance et avant de me la remettre, le médecin l'a portée à son front avec révérence. J'ai trouvé ce simple geste inspirant. Il introduisait un élément de grâce et rendait

---

[69] Bhagavad Gita 9.27.

Spiritualisez votre journée

son travail sacré. À l'époque, je faisais du seva à la cantine occidentale, où je prenais les commandes des clients. Il y avait beaucoup de monde et la file d'attente était souvent très longue. Comme il fallait parler, je ne pouvais pas vraiment réciter mon mantra. Mais, inspirée par le médecin ayurvédique, j'ai eu une idée. Chaque fois que je prenais la commande d'un client, j'essayais d'offrir mentalement mon action à Dieu quand je lui remettais son ticket. Je le faisais pour quelques clients, puis je me laissais distraire et j'oubliais tout. Je m'en souvenais ensuite et recommençais. Voyant que j'oubliais facilement, j'ai commencé à noter ce que je faisais pour m'en souvenir. Après avoir donné son ticket à quelqu'un, si j'avais été capable d'offrir mentalement l'action à Dieu, je mettais une petite marque sur un papier. Ainsi, à la fin de mon service, je pouvais mesurer mes progrès. Peu à peu, me souvenir du divin en remettant aux gens leur ticket est devenu une habitude.

Amma dit : « Si vous ne trouvez pas le temps de vous consacrer à l'adoration de Dieu, essayez d'être comme les gopis (les laitières de Vrindavan). Elles ne prenaient pas de temps à part pour la prière. Elles voyaient Dieu alors qu'elles étaient plongées dans leur travail. Quand elles vendaient des produits laitiers, tels que le beurre, le yaourt et le babeurre, elles donnaient à chaque produit différents noms de Krishna, tels que Keshava, Vasudeva, Nandabala, etc. »

Si, du jour au lendemain, on essaie de transformer toutes nos actions quotidiennes en puja, on échouera et on se découragera. Procéder étape par étape est donc utile. Dans notre journée, on peut commencer par choisir une action qu'on essaiera de tout cœur de transformer en puja. Ça peut être n'importe quoi, y compris se brosser les dents ou se préparer une tasse de café. Ensuite, on peut sincèrement essayer de le faire dans les jours qui suivent. Ce n'est pas aussi facile que ça en a l'air. Ne vous découragez pas s'il vous faut plusieurs tentatives avant de devenir conscient de ce que vous faites. Tenir un journal pour suivre nos progrès peut être utile. Une fois qu'on a réussi à avoir de la dévotion pour une action précise, on peut en ajouter une autre. Ainsi, pas à pas, on peut transformer chaque instant de notre journée en offrande d'amour.

Confiance en soi

L'éléphant a une force incroyable. Il peut déraciner un arbre entier avec sa trompe. Pourtant, l'éléphant reste captif, attaché par une petite corde. Il est capable de se libérer de ses liens, mais il n'essaie même pas. Pourquoi ? Parce qu'il est attaché depuis qu'il est petit et pas encore assez fort pour casser la corde. Au début, il essaie de se libérer. Il essaie encore et encore, mais finit par se rendre compte qu'il n'y arrive pas. Alors, quelque chose le retient plus que n'importe quelle corde ou chaîne : la croyance qu'il ne peut pas se libérer. C'est cette croyance, ou « conditionnement » comme le dit Amma, qui retient l'éléphant malgré sa force immense.

Beaucoup d'entre nous ont des croyances qui nous freinent. On doute de nos capacités. On peut croire qu'on n'est pas assez bien, pas assez fort. Pas assez intelligent. Pas assez courageux. Même si certaines de ces croyances à notre sujet peuvent être vraies, beaucoup d'entre elles sont des cordes imaginaires qui nous empêchent d'exprimer tout notre potentiel.

Amma dit : « La confiance en soi est comme une fusée de lancement. C'est comme un carburant qui nous donne la force d'aller de l'avant. »

En général, je trouve que j'ai assez confiance en moi, mais un jour, un incident m'a montré que j'avais encore beaucoup de chemin à parcourir. On m'a demandé de donner quelques conférences à un groupe d'étudiants. J'ai donné la première conférence et j'ai trouvé qu'elle s'était bien passée. Le lendemain, j'ai reçu un coup de fil de l'un des organisateurs. J'étais en réunion, je n'ai donc pas pu prendre l'appel. Dix minutes plus tard, j'ai reçu un message d'un autre organisateur demandant de me parler dès que possible. J'étais toujours en réunion, je n'ai donc pas pu appeler pour savoir de quoi il s'agissait.

Dans ce laps de temps, un petit démon du doute s'est installé dans mon esprit. Il a commencé à dire : « Oh, ils n'ont pas dû aimer ta conférence. Ils veulent probablement annuler la prochaine et inviter une autre personne à la place ». J'ai commencé à douter de mon professionnalisme. « Le responsable ne veut probablement pas te le dire directement ; c'est ça qu'il demande à d'autres organisateurs de te parler ». J'ai commencé à penser que j'avais parlé de ces conférences à plusieurs de mes amis et que je devrais leur annoncer qu'elles avaient été annulées.

Comme le doute peut s'insinuer sournoisement dans notre mental ! Dès que je suis sortie de la réunion, j'ai appelé l'organisateur, prête à entendre les mauvaises nouvelles. Il s'est avéré que mon inquiétude était totalement sans fondement. En fait, ils m'appelaient pour me demander de faire une conférence de plus pour un autre groupe d'étudiants.

En repensant à mon processus intérieur pendant la réunion, j'ai ri de ma stupidité. Amma dit que par nature notre mental coule vers le bas, comme l'eau. C'est tout à fait vrai. Le problème, c'est que nos croyances sur nos limites peuvent vraiment nous freiner. Par conséquent, on évite souvent de sortir de notre zone de confort, même si c'est pour faire quelque chose qu'on a vraiment envie de faire.

Après leurs 12 ans d'exil dans la forêt, les Pandavas ont passé une année dans la clandestinité. Ils vivaient donc incognito à la cour du roi Virata, roi du royaume Matsya (voisin du royaume Kuru). Alors que la période de clandestinité des Pandavas touchait à sa fin, l'armée Kaurava, dirigée par Duryodhana, a attaqué le sud du royaume de Matsya. Le roi Virata et son armée ont riposté et ont réussi à vaincre les Kauravas. Mais avant que

Spiritualisez votre journée

le roi Virata, victorieux, ne retourne au palais, on apprit que les Kauravas avaient également envahi le royaume au nord. Jusqu'au retour du roi Virata, la cour était sous la responsabilité du jeune et inexpérimenté prince héritier Uttara Kumara.

Uttara Kumara s'est mis en route avec Arjuna, qu'il connaissait sous le nom de Brihannala[70], comme conducteur de char. Arjuna était impatient de rencontrer ses adversaires et le char avançait à toute vitesse. De loin, l'armée Kaurava ressemblait à un océan de soldats. À la vue de cette vaste armée, Uttara Kumara a commencé à s'inquiéter.

Uttara a supplié Arjuna de faire demi-tour, mais Arjuna n'a pas voulu. Finalement, il a sauté du char et s'est mis à courir en sens inverse. Arjuna a attrapé le prince par l'épaule. Il lui a dit : « Mon cher Uttara Kumara, il ne convient pas à un guerrier de fuir le champ de bataille ! » Arjuna a alors révélé sa véritable identité à Uttara. Le prince a été stupéfait de découvrir que le professeur de chant et de danse de sa sœur était en fait le valeureux Arjuna. Ils sont allés sortir l'arc Gandiva d'Arjuna de sa cachette et se sont mis en route pour combattre. Uttara a conduit le char et Arjuna s'est battu seul. Il a fini par vaincre les Kauravas de façon héroïque.

Il y a des moments dans notre vie où on est comme Uttara Kumara ; face à une situation potentiellement difficile, on a envie de s'enfuir. Mais en chacun de nous, il y a aussi un Arjuna. Cet Arjuna est notre *ātma-viśvāsa* (confiance en soi, littéralement : foi en soi). Amma dit : « Sans confiance en soi, on ne peut pas réussir dans la vie, quel que soit le domaine dans lequel on travaille. La confiance en soi n'est rien d'autre

---

[70] Pendant l'année de clandestinité des Pandavas, Arjuna est déguisé en Brihannala, un eunuque qui enseigne la danse et le chant à la princesse Uttara, sœur du prince Uttara Kumara.

que l'équilibre mental, le courage et la maîtrise de son propre mental pour faire face aux problèmes de la vie. »

On ne peut pas s'attendre à ce que le succès soit toujours au rendez-vous. On doit donc apprendre à être à l'aise dans l'échec. La manière dont on gère un échec est extrêmement importante. En cas d'échec, on devient naturellement plus vulnérable à l'autocritique. Ça peut, en conséquence, ébranler notre confiance en nous. C'est pourquoi, pour renforcer notre confiance en nous dans de telles situations, il faut devenir son propre coach, plutôt que de se rabaisser encore plus.

Pour devenir un bon coach pour soi-même, on peut imaginer ce que notre guru nous dirait dans de telles situations. Le guru connaît parfaitement nos faiblesses et nos forces. En ayant confiance en nos capacités et en nous encourageant à dépasser notre zone de confort, le guru réveille l'Arjuna qui est en nous. Cet Arjuna bat les ennemis que sont le doute, la timidité et l'insécurité. Cet Arjuna brise les chaînes imaginaires qu'on a soi-même créées. C'est l'une des façons dont le guru insuffle en nous la confiance en soi.

Pour ceux qui n'ont pas de guru, une technique utilisée dans la thérapie centrée sur la compassion (CFT) offre une alternative similaire. Dans cette technique, on imagine une « personne aidante parfaite ». C'est une personne qui se consacre entièrement à notre croissance et à notre bonheur, quelqu'un qui incarne les qualités de sagesse, de force et d'amour inconditionnel. Il faut ensuite imaginer quels conseils cette personne pourrait nous donner.

Imaginer les paroles de sagesse, qu'elles proviennent d'un guru ou d'une personne aimante, aide à faire taire la voix interne de l'autocritique et du doute. C'est ainsi qu'on peut progressivement développer notre confiance en nous, pas à pas.

La conscience en action

Après de nombreuses années d'apprentissage, un moine bouddhiste s'est mis en tête qu'il devrait être promu au rang d'enseignant. Un jour de pluie, il s'est rendu chez son maître. Quand il est entré dans la hutte, le maître l'a accueilli avec une question.

« Dis-moi, as-tu laissé tes sandales et ton parapluie sous le porche ? »

« Oui », a répondu le disciple.

« Et, dis-moi, a continué le maître, as-tu laissé ton parapluie à gauche ou à droite de tes sandales ? »

« Je n'en sais rien. » a répondu le moine.

Le maître a dit : « Il faut être totalement conscient de toutes nos actions. Le manque d'attention à chaque détail peut complètement anéantir la vie d'un homme. Le samuraï qui ne prend pas soin de son épée au quotidien la retrouvera un jour rouillée au moment où il en aura le plus besoin. »

Le moine a compris qu'il n'avait pas encore atteint la pleine conscience. Il est resté l'élève de son maître pendant encore dix ans.

Amma dit : « Le manque de conscience crée des obstacles sur le chemin de la liberté éternelle. C'est comme conduire dans le brouillard. On ne voit rien clairement. En plus, c'est dangereux, car un accident peut arriver à tout moment. Au contraire, les actions accomplies en conscience vous aident à réaliser votre divinité innée. Elles contribuent à améliorer votre clarté d'instant en instant. »

On peut se dire : qu'est-ce que ça fait de ne pas se souvenir exactement comment on a posé nos chaussures ? Parfois, on ne se rend pas compte à quel point on est inconscient de ce qui se passe dans notre mental. Quand des pensées ou des sentiments surgissent, on a tendance à se laisser emporter. Pensez à ce scénario classique quand on essaie de méditer : on essaie de rester concentré sur sa respiration, sur son mantra ou sur n'importe quoi d'autre. À un moment donné, on se souvient avec une légère irritation d'une critique reçue sur notre travail la semaine précédente. Notre mental se met immédiatement à énumérer les raisons pour lesquelles cette critique était injustifiée. On se lance dans un flot de pensées pleines de rancune à l'égard de la personne à l'origine de la remarque.

Soudain, on se rend compte que 20 minutes se sont écoulées ! Non seulement on a « raté » la plus grande partie de notre temps de méditation, mais, en plus, notre mental a créé tout seul un sentiment d'insatisfaction.

On peut éviter de tels scénarios en développant la conscience. Amma dit que nous n'avons pas de contrôle sur la première pensée qui surgit dans notre mental, mais que nous pouvons décider de ce qui se passe ensuite : est-ce qu'on la suit et on la laisse prendre de l'ampleur, ou est-ce qu'on la remarque et on la laisse simplement passer ? Ce n'est qu'avec une vigilance sur cette première pensée qu'on peut tuer dans l'œuf les pensées inutiles. Il faut beaucoup de pratique pour développer une telle conscience, car le mental peut se montrer très rusé. Pour développer la vigilance intérieure, il faut la cultiver à l'extérieur, en apprenant d'abord à prendre conscience de nos actions et de notre environnement.

J'essaie souvent d'être consciente de mes actes. En fait, je me plais à penser que j'ai un niveau raisonnable de conscience. Par exemple, j'éprouve une certaine fierté à l'égard de l'ordre et de la

Spiritualisez votre journée

propreté de mes affaires. Un jour, je suis allée aider une résidente âgée de l'ashram à se rendre au temple de Kali pour recevoir le darshan d'Amma. On était en train de monter au temple. Mais certaines personnes avaient laissé traîner leurs chaussures sur les marches. Ça compliquait la marche de la dame âgée. J'ai froncé les sourcils en pensant : « Est-ce que ces gens ne peuvent pas avoir de la vigilance dans leurs actes ? Quelqu'un devrait leur raconter l'histoire du moine et de son parapluie ! » Quoi qu'il en soit, ce n'était pas bien grave. J'ai poussé les chaussures sur le côté et on a continué à monter les marches.

Quelques jours plus tard, je suis allée aider la même résidente de l'ashram à se rendre dans le hall principal pour assister aux bhajans du soir. J'ai tendu un bras à la dame âgée pour qu'elle s'appuie dessus. Avec mon autre bras, je tenais son coussin et je tenais mon sac d'ordinateur à l'épaule. En arrivant, je l'ai aidée à s'asseoir sur une chaise. J'ai essayé de faire en sorte qu'elle soit bien installée, en plaçant son coussin dans son dos.

L'enseignement qui a généralement lieu avant les bhajans avait déjà commencé. J'étais sur le point de m'asseoir pour écouter quand je me suis rendu compte que je ne trouvais pas mon téléphone. J'ai cherché dans les pochettes de mon sac d'ordinateur. Il n'y était pas. Dans ma précipitation, j'avais dû le laisser dans ma chambre.

J'ai dit à la dame : « J'ai laissé mon téléphone dans la chambre. Je te laisse mon sac, je vais chercher le téléphone et je reviens tout de suite. » Je suis partie à toute vitesse. En m'éloignant, je me suis dit : « Attends ! Je peux écouter l'enseignement en ligne ». J'ai sorti mon téléphone de ma poche et, sans ralentir, j'ai ouvert l'étui du téléphone et je me suis connectée à la retransmission en direct. J'ai mis le téléphone à l'oreille et j'ai commencé à écouter l'enseignement.

Tout d'un coup, j'ai pris conscience de la situation et je me suis arrêtée dans mon élan. Quelle idiote ! Je me dirigeais vers ma chambre pour récupérer mon téléphone, alors que j'avais ce même téléphone à l'oreille. J'étais tellement choquée que j'ai ri toute seule pendant une seconde avant de faire demi-tour et de revenir sur mes pas.

J'ai pensé à un homme âgé que je connais et qui peut être un peu tête en l'air en vieillissant. Lorsqu'il fait une bêtise, je l'ai entendu s'exclamer : « Oh, mon cerveau de 80 ans ! »

Mais je n'avais aucune excuse. Tout ce que j'ai trouvé, c'est que, comme ça ne faisait pas longtemps que mes habits avaient une poche, je n'avais pas encore complètement pris l'habitude de l'utiliser ou de regarder dedans. Mais vu l'absurdité de mon acte, c'était une bien mauvaise excuse.

Je suis arrivée dans le hall et, un peu gênée, j'ai raconté ma bourde à la dame âgée. Elle m'a regardée, étonnée, et on a ri toutes les deux.

Tout en me souriant à moi-même, je me suis assise : « Comment ai-je pu être aussi étourdie ? Peut-être que je ne suis pas aussi consciente de mes actes que j'aime le croire. » Je me suis souvenue du jugement que j'avais porté sur les chaussures sur les marches du temple quelques jours auparavant. Je devrais peut-être commencer à observer ma propre conscience, ou plutôt mon absence de conscience, avant de critiquer les autres.

Un jour, après les bhajans, Amma a dit : « Nous devrions essayer de développer la conscience à chaque mouvement. C'est la véritable *sādhana* (pratique spirituelle). Lorsque nous nous lavons, lorsque nous mangeons, lorsque nous cuisinons, tout ce que nous faisons devrait être fait avec conscience. Nous sommes peu ou pas conscients. Par conséquent, nous ne sommes que partiellement présents ou pas présents du tout. La spiritualité

Spiritualisez votre journée

nous apprend à être pleinement dans le moment présent, en tout temps et en tout lieu. »

Être conscient de tous nos actes du jour au lendemain est impossible. Mais on peut commencer à faire preuve de vigilance par petites étapes, progressivement. La façon dont on range nos chaussures et notre parapluie peut être un bon point de départ.

12

Nettoyage de printemps

Aham brahmāsmi : « Je suis le Suprême ». C'est l'une des célèbres *mahāvākyas* (« grandes paroles ») des Upanishads 71. Cela signifie que la conscience qui est l'essence de l'individu est la même que celle qui est l'essence de la totalité. Autrement dit, notre véritable nature est divine. C'est notre réalité éternelle, mais la plupart d'entre nous n'en sont pas conscients parce que l'état de notre mental empêche notre lumière intérieure de briller. Amma compare notre mental à l'écrin en verre d'une lampe à huile indienne traditionnelle qu'on doit maintenir propre pour que la lumière sacrée puisse briller. Notre mental est noirci par la suie, la lumière intérieure ne peut pas briller et la lumière extérieure ne peut pas entrer. Ce noircissement est causé par nos impuretés intérieures : nos « j'aime et j'aime pas «, l'égoïsme et l'orgueil. En conséquence, le processus de nettoyage de notre mental est un élément clé de la spiritualité pour permettre à notre divinité intérieure de se manifester.

---

[71] Portions des Védas traitant de la connaissance du Soi.

La nettoyeuse divine

Un jour, je parlais à mes parents au téléphone. Ils n'avaient pas de nouvelles importantes, alors après les premiers « Comment ça va ? », notre conversation a tourné autour de leur aspirateur.

Ma mère m'a dit : « Tu te souviens de notre ancien aspirateur ? Il était très lourd et difficile à utiliser. Du coup, l'autre jour, sur les conseils de ma sœur, on a fini par en acheter un nouveau. J'ai voulu l'essayer tout de suite et j'ai passé l'aspirateur dans le salon. L'aspirateur était léger et facile à utiliser. Lorsque j'ai ouvert le réservoir à poussière, j'ai été surprise de voir qu'il était rempli aux trois quarts. J'ai dit à ton père : " Je crois qu'on nous a vendu un aspirateur d'occasion ! Il a déjà dû être utilisé. Regarde, il est déjà plein". J'étais outrée que le magasin nous ait vendu un aspirateur d'occasion sans nous le dire. Mais, je voulais quand même continuer d'aspirer le salon. J'ai vidé la poussière et je suis allée dans la chambre. Après quoi, j'ai ouvert à nouveau le réservoir à poussière. Devine ? Il était à nouveau presque plein !

« À ce moment-là, j'ai compris qu'on n'avait pas été arnaqués. En fait, l'aspirateur n'avait jamais été utilisé avant. Toute cette saleté venait de ces deux pièces de la maison. C'est à ce moment-là qu'on s'est rendu compte de la mauvaise qualité de notre vieil aspirateur. Même si la pièce semblait propre après son passage, il restait beaucoup de saletés dans la moquette. Maintenant la maison a droit à un nettoyage à fond. Notre nouvel aspirateur est rempli de la saleté accumulée au fil des ans. »

On a ri en voyant que ma mère était persuadée d'avoir été arnaquée. Après le coup de fil, j'ai réfléchi à l'incident et je me suis souvenue des paroles d'Amma : « Après un coup de balai, la pièce peut sembler propre. Mais on enlèvera encore beaucoup de saletés en passant un chiffon mouillé. De même, il se peut qu'on ne voie pas la « saleté » de notre mental, mais le guru crée des situations qui font ressortir les négativités cachées à l'intérieur. »

Quand Amma dit ça, elle ne veut pas forcément dire qu'une personne, le guru, crée vraiment des situations pour la croissance d'une autre personne. Le concept de « guru » est souvent mal compris. Le guru est dépourvu d'ego et n'a donc pas d'intérêt ou d'objectif propre. Il est là uniquement pour élever spirituellement les personnes avec lesquelles il entre en contact. Le guru semble être une personne parce qu'il a un corps. En réalité, il n'est pas une personne ou un individu limité. Le guru est un principe, le principe qui élimine l'obscurité en nous. (Étymologiquement, « *gu - ru* » signifie « celui qui élimine l'obscurité »). Comme le dit Amma, le guru, étant dépourvu d'ego, ressemble à un tuyau vide à travers lequel l'univers entier s'écoule.

De plus, le guru n'a pas nécessairement de forme personnelle. Le sanatana dharma nous assure que lorsqu'une soif sincère d'éveil naît chez un chercheur, l'univers devient un maître qui prend autant de formes qu'il le faut.

C'est pour cette raison que le Srimad Bhagavatam nous raconte l'histoire de Dattatreya, qui considérait les êtres humains, les animaux et les entités de la nature comme ses gurus. Cela dit, la plupart d'entre nous n'ont pas la finesse d'esprit nécessaire pour percevoir le principe du guru dans ce qui nous entoure et on a besoin des conseils tangibles d'un guru sous la forme d'une personne.

Nettoyage de printemps

Les Écritures anciennes nous disent que notre essence est une. Notre Soi est le même que celui du guru. La différence, c'est que le guru le sait parfaitement et il expérimente cette vérité à chaque instant. Par conséquent, notre lien avec le guru n'est pas un lien avec quelqu'un d'extérieur à nous. Il s'agit plutôt d'un lien avec notre véritable Soi, l'essence divine qui est en nous. L'amour et l'abandon au guru sont en réalité l'amour et l'abandon à notre Soi supérieur. En fin de compte, ce chemin nous conduit à nous débarrasser de notre égocentrisme. C'est en déposant le fardeau de notre ego qu'on voit l'unité et l'interconnexion fondamentale de tous et de tout.

Le guru est le principe de la création qui nous guide, par des voies innombrables, vers cette vérité. Le disciple est encouragé à considérer que tout ce qui lui arrive vient du guru. Grâce à ça, le disciple reste ouvert et réceptif et peut apprendre et grandir à partir de chaque situation.

Un après-midi, à l'ashram, Amma devait venir enregistrer de nouveaux bhajans. Il y a un endroit spécifique où j'ai l'habitude de m'asseoir pendant ces sessions d'enregistrement. J'y suis très attachée, car je vois bien Amma qui chante. Mais ce jour-là, deux swaminis m'ont demandé de laisser quelqu'un d'autre s'asseoir à cette place. Il y avait une bonne raison et, compte tenu de la situation, c'était clairement la chose la plus raisonnable à faire.

Amma est arrivée et je suis allée m'asseoir au fond. De là, je pouvais à peine voir Amma. Au lieu d'accepter la situation avec grâce, mon mental s'est mis à ronchonner. Sans même m'en rendre compte, je suis tombée dans l'apitoiement : « Personne n'a la moindre considération pour moi. Qui se soucie de savoir si je peux voir Amma ou non ? » Je ne suis pas très douée pour cacher mes émotions, alors je suis sûre que j'ai dû avoir un air assez boudeur.

Heureusement, mon masque covid m'a permis d'éviter tout dommage potentiel !

Plus tard, après la session d'enregistrement, j'étais assise dans le hall pendant les bhajans. C'est souvent un moment de réflexion pour moi. Ce n'est qu'à ce moment-là qu'un rayon de lumière s'est frayé un chemin dans les épais nuages de négativité de mon mental. Je me suis rendu compte que la situation était là pour m'apprendre quelque chose, une situation qui venait du guru. J'ai compris à quel point ma réaction avait été immature. Mon ego était revenu à la charge à la moindre petite piqûre.

Ma réaction avait aussi montré que je croyais avoir le droit à la place où je m'assieds d'habitude. Je la considérais comme « ma » place. Au lieu de reconnaître la justesse de ce que mes sœurs suggéraient, je leur en voulais. Dans mon attente de considération et de respect, j'avais moi-même oublié de faire preuve de considération et de respect. J'ai compris que je n'avais pas vraiment réussi le test avec brio, mais j'étais reconnaissante de cette situation qui avait mis à jour mon ego et m'avait donné une leçon.

En fait, l'univers nous donne des leçons en permanence. Toutes les expériences que nous vivons dans la vie sont des leçons, leçons sur l'impermanence de tout ce qui est extérieur, leçons sur les dangers d'avoir trop d'attentes, leçons sur l'épanouissement que procure le don. Mais tant qu'on ne se connecte pas au *guru-tattva* (le principe du guru), on est généralement incapables de reconnaître et d'assimiler ces leçons. On manque de lucidité à l'égard des obstacles qui bloquent l'expression de notre potentiel intérieur, l'expression de notre vraie nature. C'est pourquoi, au cours du temps, des maîtres de toutes confessions ont vécu parmi nous, nous ont transmis leurs enseignements et guidés avec compassion.

Nettoyage de printemps

Amma dit : « Comme le filtre qui purifie l'eau, le guru purifie notre esprit. Le guru élimine notre ego. On devient esclave de notre ego à chacune des circonstances que la vie nous présente. On n'avance pas avec discernement. Lorsque l'ego surgit en nous, on est incapable de le percevoir et de le détruire. Pour en être capable, il faut s'abandonner aux conseils d'un guru. »

En août 2000, le lendemain du Sommet mondial de la paix du millénaire des Nations unies, une conférence de presse avec Amma a été organisée. Un des journalistes a demandé à Amma : « Que feriez-vous si vous gouverniez le monde ? »

Amma a ri et répondu : « Je serais la balayeuse. »

Le journaliste l'a regardée avec étonnement et Amma a expliqué en riant : « Je balaierais le mental de tout le monde. »

La maladie de l'envie

Un jour, j'ai vu une petite fille jeter un morceau d'idli[72] à un corbeau. Le corbeau a pris le morceau dans son bec. Puis, un autre corbeau est arrivé. La petite fille a lancé un deuxième morceau d'idli au nouveau venu. Voyant qu'un autre morceau était lancé, le premier corbeau a laissé tomber le morceau qu'il tenait dans son bec et s'est précipité. Il a attrapé le deuxième morceau, mais a laissé tomber le premier en cours de route. La petite fille m'a regardée et m'a dit : « Chechi[73], tu as vu comme ce corbeau est stupide ? Le premier morceau était un peu plus gros et maintenant il l'a perdu. »

Normalement, les corbeaux sont généreux. Lorsqu'ils trouvent quelque chose à manger, ils appellent leurs amis pour partager avec eux. Ce corbeau devait être inhabituellement jaloux. En pensant à ce que pourrait avoir un autre corbeau, il a oublié ce qu'il avait déjà.

Cela peut aussi nous arriver. Quand on se concentre sur ce que les autres ont, on se compare à eux. On envie ceux qui sont plus talentueux, plus riches, plus beaux ou plus populaires que nous. En nous concentrant sur ce que les autres ont et sur ce qui nous manque, on oublie d'apprécier ce qu'on a. Amma dit : « Celui qui se compare constamment aux autres est toujours en train de penser aux autres. Jamais satisfait ou heureux, il ne peut pas connaître la vraie joie de vivre. »

Une amie m'a raconté une anecdote de son enfance. Elle était jalouse de la famille de son cousin car, à ses yeux, ils avaient

---

[72] Gâteau de riz cuit à la vapeur.
[73] "Soeur aînée" en malayalam.

Nettoyage de printemps

tout. Ils étaient très riches : une grande maison, une piscine, un trampoline, les derniers jeux vidéo et tous les derniers gadgets. Mon amie et ses frères et sœurs étaient toujours ravis d'aller chez leurs cousins. En même temps, ils étaient jaloux parce qu'ils n'avaient pas ce genre de choses. Ils pensaient que leurs cousins avaient une vie idéale, une famille parfaite dans une maison parfaite.

Ce n'est qu'en grandissant qu'elle s'est rendu compte qu'en réalité, cette famille était loin d'être idéale. Il manquait l'essentiel à ses cousins : des parents qui s'aiment, gentils et respectueux l'un envers l'autre. Leur père était alcoolique et maltraitait souvent leur mère qui se sentait au bout du rouleau. Éblouis par leur maison et leur luxe, mon amie et ses frères et sœurs n'avaient rien remarqué de tout ça.

Quand elle a compris la vraie nature de la situation, elle a vraiment ouvert les yeux. Elle a perdu l'illusion que les objets matériels étaient ce qu'il y avait de plus important. En fin de compte, les rôles se sont inversés ; ses cousins ont voulu venir passer du temps dans la maison de sa famille parce qu'il y avait de la stabilité et de l'amour.

Que se passe-t-il quand on est envieux ? On se compare aux autres, mais ces comparaisons sont généralement fondées sur des incompréhensions. On compare sa vie à ce qu'on imagine être celle d'un autre. Il se peut que les personnes qu'on envie souffrent en réalité beaucoup. La vision qu'on a de la vie d'une personne peut être très différente de la réalité.

Quand on se concentre sur ce que les autres ont, on n'apprécie pas la valeur de ce qu'on a. Mon amie n'avait pas conscience du trésor inestimable que sa famille possédait, à savoir une atmosphère stable et aimante.

L'exemple le plus frappant de l'envie illustrée dans les Écritures est celui de Duryodhana, le prince héritier des Kauravas.

Cent Pots

En voyant le glorieux et magnifique sacrifice *rajasuya*[74] de de son cousin Yudhishthira, Duryodhana est littéralement tombé malade de jalousie. Il était obsédé par les prouesses de ses cousins Pandava et leurs immenses trésors d'or, de perles, d'émeraudes, de vaches, de chameaux et de chevaux. Duryodhana a oublié sa propre fortune. Il était le roi de facto de Hastinapura. Il possédait tout le confort et le luxe de son royaume : une immense richesse, un nombre incalculable de belles femmes et une immense armée de soldats. Aveuglé par la jalousie, il ne voyait rien de tout ça. Il a dit à son père : « Je ne peux pas apprécier mes richesses quand je vois celles de Yudhishthira, j'en suis malade. »

L'envie ne concerne pas les autres, mais nous-même, notre insatisfaction. Amma dit : « Il peut être très destructeur de comparer et cela peut affecter tous les aspects de la vie. N'oubliez pas que vous ne pouvez pas être quelqu'un d'autre et que personne d'autre ne peut être vous. Vous ne pouvez être que vous-même. »

On n'est peut-être pas aussi malade de jalousie que Duryodhana. En même temps, si on observe attentivement son mental, on peut remarquer qu'à des moments, on prend mal le succès des autres. La première étape est d'avoir la subtilité de reconnaître ces sentiments en nous. On peut alors essayer de réexaminer ce qu'on a avec un regard neuf, un regard plein de reconnaissance et de gratitude. Un effort sincère pour apprécier ce qu'on a entraîne naturellement un sentiment de satisfaction. Avec le temps, on pourra développer la qualité que le sage Patanjali, dans les Yoga-Sutras, appelle *mudita*, la largesse d'esprit de se réjouir du bonheur des autres.

---

[74] Rituel sacrificiel qui marque la consécration d'un grand empereur.

Purifier le mental

Amma dit : « Si nous voulons voir clairement notre reflet dans un miroir, il faut d'abord nettoyer la surface du miroir de toute la poussière et de toute la saleté qui s'y trouvent. De même, pour voir notre vraie nature dans le miroir de notre mental, nous devons d'abord éliminer toutes les impuretés qui s'y trouvent. »

Quelles sont ces impuretés ? Ce sont les éléments qui, en nous, volent notre paix. Il s'agit notamment de l'orgueil, du manque d'estime de soi, de la colère, de l'envie, de l'intolérance et de l'inquiétude de ce que pensent les autres. En fin de compte, ils découlent tous de notre ego, de notre égocentrisme. La première étape pour se débarrasser de nos négativités mentales est d'en prendre conscience. Par exemple, si on pratique l'introspection, la plupart d'entre nous remarqueront qu'on a l'habitude d'inventer des histoires sur ce qui se passe dans la tête des autres. On a tendance à imaginer ce que les autres pensent de nous. Non seulement ce n'est pas sain de s'attarder sur ce que les autres pensent de nous, mais en plus, la plupart du temps, on se trompe dans nos conclusions.

Un jour, j'ai envoyé un message à une amie pour lui poser une question. Deux jours plus tard, elle n'avait toujours pas répondu. Je me suis dit : « Oh, peut-être qu'elle m'en veut pour une raison ou une autre, c'est pour ça qu'elle ne m'a pas répondu. » Un jour ou deux plus tard, j'ai croisé la sœur de cette personne. J'allais lui dire bonjour, mais elle a tourné la tête dans l'autre sens. Je me suis dit à nouveau : « Mon amie doit vraiment m'en vouloir, elle s'est manifestement plainte de moi auprès de sa sœur aussi. »

J'ai revu mon amie quelques jours plus tard et je lui ai demandé pourquoi elle n'avait pas répondu à mon message. En fait, je m'étais complètement trompée. Elle était simplement occupée et avait oublié mon message. Quand je lui ai dit que j'avais cru qu'elle m'en voulait, elle était consternée. Ainsi, le mental peut inventer des histoires à partir du moindre incident et on interprète souvent mal le comportement des autres à notre égard.

Robert Cleck, psychologue à l'université de Dartmouth, a mené une expérience. Une cicatrice d'apparence réaliste a été collée sur le visage des participants. On leur a expliqué que le but de l'expérience était de voir comment les étrangers réagissaient vis-à-vis d'eux, vu qu'ils avaient des cicatrices très visibles sur le visage. Pour cela, ils devaient avoir une conversation avec un inconnu dans la pièce voisine. Avant que chaque participant ne quitte la salle de maquillage, l'expérimentateur rangeait le miroir et disait : « Je vais faire une dernière retouche à la cicatrice pour m'assurer qu'elle ne s'efface pas ». Au lieu de la retoucher, l'expérimentateur l'effaçait complètement. Mais les participants ne s'en doutaient pas. Ils pensaient toujours avoir une cicatrice impressionnante sur le visage. Ils partaient ensuite discuter avec un inconnu.

Quand les participants revenaient, l'expérimentateur leur demandait comment s'était passée la conversation. Les réponses des participants allaient toutes dans le même sens : « C'était très gênant. La personne n'arrêtait pas de fixer la cicatrice sur mon visage. Et elle ne me regardait pas du tout dans les yeux ! Son comportement m'a vraiment mis mal à l'aise. »

Les participants ont totalement mal interprété ce qui s'était passé. En réalité, c'est ce qu'on fait tous. On projette diverses pensées et opinions sur les gens qui nous entourent et on oublie

Nettoyage de printemps

que nos suppositions sont probablement très éloignées de la réalité.

On en voit un exemple dans le Ramayana. Rama, Sita et Lakshmana profitent d'une matinée paisible à Chitrakuta [75] quand, soudain, ils entendent le bruit assourdissant d'une armée qui approche. À la demande de Rama, Lakshmana grimpe sur un arbre pour mieux voir. Il voit une armée qui approche avec de nombreux chevaux et chars. Quand il se rend compte que leur frère Bharata est à la tête de cette armée, il est pris de colère. Il appelle Rama qui se tient en contrebas : « Mon cher frère, emmène Sita dans une cachette sûre. Quant à toi, bande ton arc et prépare-toi à combattre. Bharata, le fils de Kaikeyi, qui s'est emparé du trône d'Ayodhya et veut manifestement exercer un pouvoir incontesté, arrive pour nous tuer. »

Lakshmana déclare alors que Bharata méritait d'être tué. En réalité, la venue de Bharata dans la forêt était motivée par des sentiments très purs et très nobles. Il voulait essayer de convaincre Rama de retourner à Ayodhya pour y être couronné roi. Pourtant, voyant Bharata s'approcher, Lakshmana lui a prêté les pires intentions. Heureusement, Rama était là pour corriger les erreurs de Lakshmana. Sans cela, une bataille acharnée aurait pu s'ensuivre.

La méprise de Lakshmana venait de son désir de protéger Rama à tout prix. En revanche, Rama avait l'esprit clair et était donc en mesure de prendre du recul et de voir clairement la situation. Quand on est trop impliqué émotionnellement dans une situation, on est généralement incapable de l'analyser correctement ou de bien interpréter le comportement de l'autre.

Si l'on fait un travail d'introspection, on s'aperçoit qu'on a tendance à tirer de fausses conclusions. Pour mettre fin à cette mauvaise habitude, il faut d'abord en prendre conscience. Il faut

---

[75] Leur demeure pendant les onze premières années de leur exil en forêt.

ensuite essayer autant que possible de ne plus se préoccuper autant de ce que pensent les autres.

Amma dit : « Lorsque l'on développe la patience et l'attention, le miroir interne, qui nous aide à voir et à éliminer les impuretés en nous, s'éclaircit de lui-même. »

Une fois qu'on reconnaît cette disposition du mental, on peut plus facilement lui demander de se taire avant qu'il n'en tire des affirmations négatives. Avec un mental qui reste calme quand c'est nécessaire, nos inquiétudes contre-productives diminueront et nos relations s'épanouiront.

Les bagages que l'on porte

Une petite fille française vit à l'ashram. À l'époque de cet incident, elle n'avait qu'environ cinq ans. Un jour, pendant le programme du soir avec Amma dans le hall, elle a levé la main et pris le micro. Elle avait deux questions à poser à Amma. Voici la première question : « Amma, des fois, je me sens très en colère. Dans ces moments-là, qu'est-ce que je peux faire pour arrêter de sentir cette colère ? »

La réponse d'Amma est bonne pour tout le monde : « Réfléchis : que veux-tu récolter au cours de ton chemin de vie ? Veux-tu accumuler de la colère, de la jalousie, de la peur et de la rancune ? Ou bien veux-tu cultiver de bonnes qualités telles que la compassion, la patience, l'amour et la tolérance ? »

Cela m'a rappelé une histoire drôle. Quand mes parents étaient jeunes, ils étaient partis en voyage avec des amis pour passer quelques jours près de la mer. Le matin du départ prévu, un des amis a eu un problème avec son sac : la fermeture éclair s'est cassée. Pour éviter que ses affaires ne tombent, il a mis son sac dans un sac poubelle. Il a ensuite noué le sac poubelle.

Ils ont tous posé leurs bagages près de la camionnette. Mon père a chargé tous les sacs dans le coffre. Ils sont ensuite montés dans la camionnette et sont partis, heureux d'être ensemble et enthousiastes à l'idée de faire ce petit voyage. Au bout de quelques kilomètres, quelqu'un a dit : « C'est moi ou ça sent mauvais ? » Tout le monde était d'accord. Ça sentait la nourriture qui avait tourné. Mais personne n'arrivait à savoir d'où ça venait. Ils ont donc baissé toutes les vitres et ont continué leur route. Arrivés à destination, ils ont déchargé les bagages. À ce moment-là, ils ont compris ce qui s'était passé. Lorsque l'ami qui avait le sac à la fermeture éclair cassée est allé récupérer ses bagages, il a senti la mauvaise odeur qu'ils avaient tous sentie pendant le voyage. Un simple contact et sa peur s'est confirmée : au lieu de son sac, ils avaient embarqué un sac poubelle qui attendait d'être ramassé sur le trottoir. Ils ont tous bien ri de la situation. L'ami de mes parents s'est débrouillé sans son sac pendant le week-end et depuis, l'incident en a fait rire plus d'un.

Il y a une leçon précieuse à tirer de cette histoire. Comme Amma l'a dit à la petite fille française, nous sommes tous en chemin dans la vie et c'est à nous de choisir les bagages qu'on emporte avec soi. Est-ce qu'on veut développer de bonnes qualités, des qualités qui nous élèvent et qui élèvent les gens autour de nous ? Ou est-ce qu'on veut accumuler la colère, la peur, l'égoïsme et la jalousie ?

Dans le 16e chapitre de la Bhagavad Gita, le Seigneur Krishna parle de deux types de qualités : *āsurī sampad* et *daivī sampad* (les qualités démoniaques et les qualités divines). Les qualités divines et démoniaques coexistent en chacun de nous. Ce ne sont pas des qualités extraordinaires qu'il nous reste à découvrir. Ce sont des traits de caractère qui nous sont très familiers et qui déterminent nos pensées, nos paroles et nos actions. *Daivī sampad* sont les qualités qui nous élèvent. *Āsurī sampad* sont celles qui nous tirent vers le bas. Comme l'explique Krishna :

Daivī sampad vimokṣāya nibandhāyāsurī matā
On sait que *daivī sampad* mène à la libération[76]. On sait que *āsurī sampad* rend esclave[77].

Il ne faut pas surestimer l'importance de s'efforcer de cultiver de bonnes qualités. C'est comme ça qu'on trouve le

---

[76] Libération de toutes les dépendances, l'éradication de toutes les peines.
[77] 16.5.

Nettoyage de printemps

vrai contentement et la paix. On peut expérimenter et constater par soi-même la véracité de la déclaration de Krishna. On se sent plus heureux quand on éprouve des sentiments d'amour, de gratitude, de compassion, d'humilité et de confiance en soi. Les sentiments négatifs tels que l'impatience, le manque d'estime de soi, la jalousie et la critique nous empêchent de nous sentir en paix mentalement. Ces ennemis intérieurs nous tirent vers le bas. C'est à cause d'eux qu'on ne parvient pas à réaliser notre véritable potentiel et à s'épanouir. On ne peut peut-être pas empêcher que ces ennemis intérieurs arrivent, mais une fois qu'ils sont là, on peut contrôler la durée de leur présence. C'est à nous de décider si on s'attarde sur eux et si on les nourrit, ou si on essaie de les rejeter et de réagir à la situation de manière mature et compatissante.

Amma dit : « Chacun de nous a le pouvoir d'être un dieu ou un démon. Nous pouvons être Krishna ou Jarasandha[78]. Les deux qualités sont en nous : l'amour et la colère. Notre nature sera déterminée par les qualités que nous choisissons de cultiver. Nous devons donc cultiver de bonnes pensées, exemptes de tout esprit de colère, et un esprit clair, exempt de tout conflit. »

Passons à la deuxième question de la petite fille : « Qu'est-ce qu'il faut visualiser quand Amma invoque " Mātā rānī ki jai " à la fin des bhajans[79] ? »

Amma a répondu : « Tu devrais imaginer que tu applaudis la victoire du bien sur le mal qui est en toi. " La victoire de Mātā rānī " représente la victoire des bonnes qualités : amour, compassion, tolérance, patience, enthousiasme, foi positive, sur les ténèbres de l'égoïsme, de la jalousie, de l'intolérance et du désespoir. »

---

[78] Le roi puissant et mauvais qui régnait sur la terre de Magadha à l'époque de Krishna.

[79] Typiquement à la fin du dernier bhajan, Amma invoque « Mātā rānī ki jai », ce qui signifie : «Victoire à la Mère divine »

Amma indique ici que le premier pas vers le développement de ces bonnes qualités est de les désirer et de prier pour elles en premier lieu. Essayons donc de reconnaître que la clé du bonheur, c'est de développer de bonnes qualités et de sortir de notre égoïsme. Cette compréhension, c'est la sagesse qui nous évite de vivre notre vie en accumulant un sac à ordures plein de négativités. Au lieu de cela, on peut essayer de développer les qualités de patience, de compassion, de tolérance et d'amour et de faire triompher la bonté dans notre cœur.

13

Confiance dans la vie

La dernière instruction du Seigneur Krishna dans la Bhagavad Gita est : *mām ekam śaraṇam vraja*, Abandonne-toi à moi[80].

Cela signifie : abandonne-toi au divin qui imprègne cet univers et qui habite aussi en toi. Abandonnez votre soi limité, vos peurs, votre égoïsme et votre mesquinerie, à votre vrai Soi. La Bhagavad Gita dit qu'aligner nos pensées, nos paroles et nos actions sur cet esprit d'abandon conduit en fin de compte à la réalisation de soi. Faire des efforts dans ce sens apporte également des bénéfices immédiats et tangibles à notre bien-être général dans notre vie quotidienne.

---

[80] 18.66

Insouciant comme un enfant

Un matin, j'ai eu une surprise. En regardant mon téléphone, j'ai vu un message de ma meilleure amie de quand j'avais 10 ans. On était voisines dans un petit village et on allait à l'école ensemble. Je n'avais pas eu de ses nouvelles depuis plus de 20 ans. Avec le message, il y avait une photo de nous en train de jouer chez elle : « En triant mes photos, je suis tombée sur celle-là. Elle me rappelle certains des moments les plus heureux de mon enfance. J'ai tellement de nostalgie en la voyant. J'aime aller dans le village où on a grandi. Ça me rappelle de beaux souvenirs, des souvenirs d'enfance, une vie simple et insouciante. J'espère que tout va bien pour toi ! Je serais très heureuse d'avoir de tes nouvelles. Je t'embrasse bien fort. »

Le message de mon amie m'a fait réfléchir. L'enfance est une période dont on se souvient souvent avec nostalgie. Bien sûr, tout le monde n'a pas la chance d'avoir une enfance heureuse et insouciante. Mais au fond de nous, beaucoup d'entre nous aspirent à cette qualité de vie particulière, semblable à celle d'un petit enfant qui n'a pas de soucis, car il est totalement sûr que sa mère s'occupera de tout. C'est parce que l'enfant n'a pas de soucis qu'il peut être pleinement dans le moment présent.

Quelquefois, on ne se rend pas compte qu'on peut avoir la même légèreté enfantine même dans les périodes plus compliquées de l'âge adulte, si on s'abandonne au divin. Si on s'abandonne vraiment, on peut assumer de grandes responsabilités tout en restant plus ou moins détendu.

Amma raconte une histoire : « Un jour, le roi d'un pays est allé voir son guru pour lui demander conseil et réconfort. Il était

Confiance dans la vie

très tendu et perturbé par les nombreux problèmes auxquels le pays était confronté. Il avait perdu toute paix mentale. Il voulait même renoncer au trône pour être déchargé de ses responsabilités. Il livra tout ça à son guru, le cœur ouvert. »
Le guru dit : « Très bien. Je vais te dire ce qu'il faut faire. Accepte de me remettre tout le royaume. » Le roi accepta volontiers. Il fit une annonce officielle à cet effet. Une fois l'annonce faite, le guru dit : « Maintenant, le royaume est à moi. Je te nomme gardien du royaume. Tu dois le gouverner en tant que représentant officiel. »

Toujours obéissant aux paroles de son guru, le roi a accepté. Il est retourné au palais et a continué à gouverner. Mais son état d'esprit était complètement différent. Il se sentait très soulagé. Il n'était plus le roi, car le guru était désormais le maître du pays. Il n'était qu'un instrument entre les mains de son guru. Il se sentait donc totalement libéré du fardeau des responsabilités qui pesaient sur lui auparavant.

Amma dit : « Le sentiment de possession est la cause de toutes les tensions. Si nous devenons un instrument dans les mains de Dieu, alors nous pouvons accomplir toutes les tâches sans aucune agitation mentale. »

Le Seigneur Krishna dit la même chose dans la Bhagavad Gita. Il dit à Arjuna : *nimitta mātraṁ bhava*, Sois un simple instrument[81].

Les soucis et les tensions qui pèsent sur nous se dissipent quand on se rappelle qu'on n'est qu'un instrument entre les mains du divin. Un jour, on m'a demandé de prononcer un discours lors de la séance inaugurale d'une conférence. Ça s'est bien passé et, même si je n'étais pas particulièrement stressée avant de faire le discours, je me suis sentie particulièrement détendue après. Je pouvais enfin m'asseoir et profiter du reste

---

[81] 11.33

de la conférence. C'est du moins ce que je pensais. À la fin de la deuxième journée, la séance finale était sur le point de commencer. J'étais assise dans le public, totalement insouciante. Deux invités importants étaient arrivés pour prendre la parole. Le présentateur les a invités à monter sur scène : « J'invite Mme Untel, représentante de telle organisation, à monter sur scène. » Et puis : « Je voudrais maintenant inviter M. untel, qui a tel et tel titre, à monter sur scène ». Ce que j'ai entendu ensuite m'a complètement prise par surprise : « J'invite brahmacharini Amrita Chaitanya, représentante de Mata Amritanandamayi, à monter sur scène. » Comme si j'étais en pilotage automatique, je me suis levée et mes jambes m'ont portée jusqu'à la scène où j'ai pris place dans la rangée des dignitaires.

Je me rassurais en me disant que j'étais peut-être invitée pour être simplement présente sur scène. Je me suis souvenue que, lors de la séance inaugurale, quelques dignitaires assis sur la scène n'avaient pas été invités à parler. Ils m'auraient certainement prévenue s'ils s'attendaient que je dise quelque chose. Un des organisateurs finissait son discours. Puis, se tournant vers moi, il a ajouté : « J'invite maintenant brahmacharini Amrita Chaitanya à dire quelques mots. »

Mon cœur a fait un bond. De nouveau en pilote automatique, je me suis levée et je me suis dirigée vers le micro. L'organisateur m'a chuchoté : « Vous avez cinq minutes. » « Cinq minutes ? », me suis-je exclamée à voix basse, personne ne m'avait dit qu'on me demanderait de parler ! »

Mais j'étais là, debout au micro, face à une foule de gens qui me regardaient dans l'attente. Pendant une fraction de seconde, je me suis figée. Mais qu'est-ce que j'allais dire ? À ce moment-là, une pensée m'a traversé l'esprit : « Tu n'es qu'un instrument entre les mains du divin. Dieu parlera à travers toi. Tout ce que

Confiance dans la vie

tu dois faire, c'est essayer de faire de ton mieux ; le reste n'est pas de ta responsabilité. » Cette seule et unique pensée m'a permis de me détendre. J'ai compris que je devais juste être encline à commencer et croire que tout finirait par s'arranger. Une fois mon mental calmé, grâce à cette seule et unique pensée transformatrice, les idées ont commencé à fuser et j'ai pu parler avec confiance. Un moment potentiellement gênant et embarrassant a été évité.

Amma dit : « Nous avons besoin de nous abandonner. L'abandon, c'est la confiance que le divin s'occupera de tout. Impossible de dormir près du repaire d'un serpent, car nous aurons toujours peur que le serpent sorte et nous morde. L'angoisse de l'avenir, le manque de foi, sont les serpents qu'on porte en soi. On doit abandonner ces angoisses aux pieds du divin. On doit faire des efforts et laisser le reste à la volonté divine. » Si on peut se rappeler qu'on n'est qu'un instrument, on sera libéré de la peur et de l'anxiété. Il est dit dans le Bhagavatam :

yad bāhu-daṇḍābhyudayānujīvino yadu-pravīrā hyakutobhayā muhuḥ

Les héros du clan Yadu, protégés par les bras du Seigneur Krishna, restent toujours intrépides à tous égards[82].

On peut essayer de se rappeler qu'à chaque instant, on est protégé par les bras aimants du divin. On deviendra comme un enfant insouciant, sachant que tous nos besoins seront pris en charge. On sera comme notre roi qui s'est détendu, sachant qu'il n'était qu'un administrateur et que la responsabilité du royaume

---

[82] Srimad Bhagavatam 1.14.38.

revenait à son guru. Avec une telle attitude, on redécouvrira la beauté et la magie qu'on croyait perdues avec l'enfance. Peut-être qu'un jour, j'aurai l'occasion de faire profiter mon amie d'enfance de ce simple remède contre le stress.

Le parapluie de la grâce

Un soir, avant les bhajans, Amma parlait avec un petit garçon. Amma était assise sur la scène avec les musiciens et les chanteurs et l'enfant était devant la scène. Il se tenait en face d'Amma et parlait avec audace de toutes sortes de choses au micro. À un moment donné, il a déclaré : « Amma, autrefois, il n'y avait pas de parapluie. Les gens utilisaient de grandes feuilles à la place. »

Amma réagit comme si elle apprenait quelque chose de nouveau : « Oh ! Vraiment ? »

La réponse fut immédiate : « Oui, Amma, vraiment ! »

Amma dit alors : « Sais-tu qu'il y a un parapluie à l'intérieur de nous ? C'est le vrai parapluie, celui qui nous donne la vraie sécurité et la vraie protection. Mais pour l'ouvrir, nous devons appuyer sur un bouton. C'est le bouton de notre ego. »

Ces simples mots adressés par Amma à un enfant de quatre ans renferment une profonde leçon pour nous tous. Amma a continué en expliquant que le parapluie qui se trouve en chacun de nous, c'est le parapluie de la grâce. Notre ego nous dit que nous sommes responsables de notre vie, que nous savons ce qui est bon pour nous et que les choses doivent se dérouler selon notre plan. Ce sentiment du « Je », ce sentiment d'être responsable, nous empêche de recevoir la grâce de Dieu. Rendre notre ego humble et remettre les rênes au divin, c'est ce qu'Amma veut dire en disant que nous devons appuyer sur le bouton de notre ego pour ouvrir le parapluie de la grâce.

Amma dit : « Dieu est impartial. Il est au-delà de toutes les différences, il a une vision égale et il ne s'attache pas. Nous devrions être capables de courber la tête et de nous abandonner,

Cent Pots

en ayant une foi solide dans la volonté de Dieu. Si nous y parvenons, nous recevrons certainement la grâce de Dieu. Nous serons capables de rester en paix et satisfaits dans les bons comme dans les mauvais moments, dans les profits comme dans les pertes, dans le succès comme dans l'échec. »

J'aimerais vous raconter l'histoire d'une de mes amies. Elle vivait aux États-Unis avec son mari et ses deux fils. La famille voyait Amma chaque année quand elle se rendait aux États-Unis. Une année, Amma leur a dit, à elle et à son mari, qu'elle pensait qu'ils devraient déménager en Inde. Ce fut un choc total pour eux. Ils se sentaient bien dans leur vie en Amérique. Déménager toute la famille en Inde ne faisait absolument pas partie de leurs projets. Mais leur foi en Amma et leur abandon à ses paroles les ont amenés à mettre de côté leurs plans et leurs craintes. Ils ont abandonné leur vie aisée aux États-Unis et sont venus en Inde. Ils se sont adaptés à la vie dans une simple chambre de l'ashram.

Quelques années plus tard, leur monde s'est écroulé quand on a diagnostiqué un cancer du sein à mon amie. La tumeur se propageait rapidement. Le traitement devait inclure une intervention chirurgicale et huit séances de chimiothérapie et de radiothérapie. Amma lui a conseillé de suivre le traitement complet recommandé par les médecins.

Ça n'a pas été facile. La nuit suivant l'opération, elle a souffert de douleurs atroces. Dans ces moments de souffrance extrême, Amma l'a appelée au téléphone. Amma lui a dit quatre phrases simples : « Ne sois pas triste. Cela passera. Sois courageuse. Amma est toujours avec toi. »

Mon amie m'a dit : « La foi et la confiance en moi que j'ai tirées de ces mots m'ont aidée à traverser ces moments difficiles. Plus important encore, elles m'ont aidée à m'abandonner et à accepter la situation. Mon traitement n'a pas été facile, mais je me suis sentie protégée et prise en charge tout au long du processus. J'ai suivi l'intégralité de mon traitement à l'hôpital d'Amma avec la belle photo d'Amma souriante dans chaque pièce. Les infirmières de chimiothérapie qui se sont occupées de moi étaient pleines d'amour et de compassion. »

Tout au long du traitement, elle s'est sentie sous la protection du divin. Mon amie et son mari disent qu'ils ne peuvent imaginer le cauchemar qu'ils auraient vécu s'ils étaient restés aux États-Unis. Il aurait dû continuer à travailler pendant toute la durée de la maladie pour garder leur assurance maladie. En tant que médecin, ça aurait été particulièrement risqué compte tenu des conditions de la pandémie de covid. Aux États Unis, ça aurait été une période de traumatisme et d'isolement pour leurs fils. Au contraire, ils étaient entourés du soutien et de l'amour de la communauté de l'ashram.

En s'installant à l'ashram, ils se sont inclinés devant la volonté du divin. C'est ainsi qu'ils ont « appuyé sur le bouton de l'ego ». C'est ainsi que le parapluie de la grâce s'est ouvert et les a protégés pendant cette période difficile.

Personne n'est à l'abri de la souffrance. Cela fait partie intégrante de la vie. En même temps, si on s'abandonne, on s'ouvre à la grâce. Avec cette grâce, même les situations les plus difficiles deviennent gérables.

Amma dit : « La grâce de Dieu est partout, à tout moment. Nous devons abandonner notre vie à Dieu avec humilité. Tous nos problèmes et obstacles seront alors réduits au minimum. Cela nous permettra de bénéficier de la grâce de Dieu. »

S'abandonner à Dieu ne signifie pas seulement s'abandonner à une forme personnelle. Amma dit que Dieu n'est pas séparé de la création. On peut donc simplement décrire Dieu comme existence ou force vitale. Vu sous cet angle, « appuyer sur le bouton de l'ego » signifie développer l'humilité et la foi en la vie. Plutôt que d'être rigides sur la façon dont les situations devraient se passer, on peut essayer de développer une confiance dans le flux de la vie. On peut essayer de rester souple et réceptif dans nos efforts, plutôt que de chercher à garder le contrôle ; on peut garder l'esprit ouvert à quelque chose de plus grand que son moi individuel.

Tout est cadeau

On raconte que le Seigneur Bouddha a un jour demandé à un disciple : « Si une personne est blessée par une flèche, est-ce douloureux ? »

Le disciple a répondu : « Oui. »

Le Bouddha a alors demandé : « Si la personne est blessée par une deuxième flèche, est-ce que c'est encore plus douloureux ? »

Le disciple a de nouveau répondu : « Oui. »

« Dans la vie, nous ne pouvons pas toujours contrôler la première flèche, a expliqué le Bouddha, cependant, la deuxième flèche est notre réaction à la première. Et avec cette deuxième flèche vient la possibilité de choisir. »

La première flèche représente l'événement ou la difficulté qui est à l'origine de notre stress, ainsi que les sentiments immédiats qu'il suscite, peut-être la tristesse, la colère ou la peur. Par exemple, on peut ne pas être invité à un événement social ou professionnel et se sentir immédiatement blessé, ou être bloqué dans les embouteillages et se sentir frustré.

La flèche suivante vient quand on s'accroche à ces sentiments négatifs, qu'on s'y enfonce et qu'on les laisse s'envenimer. C'est à nous de décider si cette deuxième flèche nous atteint ou non. Voici quelques exemples de ces secondes flèches : « Pourquoi est-ce que ça m'arrive toujours à moi ? Je n'ai jamais de chance. » « Que vont penser les gens de moi ? » « Ai-je été mis à l'écart volontairement ? Ou est-ce que personne ne s'est soucié assez de moi pour se souvenir de m'inviter ? » « Je ne serai jamais capable de faire ça ; ça va rater et tout le monde le saura. » « Je suis sûr qu'elle l'a fait exprès. Je sais qu'elle a une dent contre moi. »

Être pris dans ces réactions secondaires, sentiments, pensées et jugements négatifs, nous cause beaucoup de souffrances. Perdre un emploi, se brouiller avec un proche, rencontrer l'échec, se blesser : ce sont toutes des expériences difficiles. Mais on a tendance à aggraver sa douleur avec des schémas de pensées inutiles. Et celles-ci sont généralement plus douloureuses que la première flèche. On ne peut pas contrôler quand et si les premières flèches nous frappent. La vie de chacun est un mélange de plaisir et de douleur, de succès et d'échec, de circonstances favorables et défavorables. En revanche, on peut contrôler la deuxième flèche. La spiritualité nous apprend à éliminer la douleur que nous cause cette deuxième flèche, la douleur supplémentaire qu'on s'inflige à soi-même, souvent sans même s'en rendre compte.

Amma dit qu'il faut se concentrer sur le changement de la *manasthiti* (attitude intérieure) plutôt que sur la *paristhiti* (environnement extérieur). Ce changement d'attitude est le but même de la spiritualité.

Il est nécessaire pour notre tranquillité d'esprit d'accepter les situations qui échappent à notre contrôle. Parfois, les gens interprètent mal cet enseignement. Ils pensent que la spiritualité nous dit de tout accepter passivement, même les mauvais traitements ou les abus, et de rester victimes de ce que la vie nous apporte. En réalité, c'est tout le contraire. La spiritualité ne nous apprend pas à être passifs et à éviter de faire face à des situations difficiles. Considérez ce que Krishna dit à Arjuna dans la Bhagavad Gita. Il lui dit de se battre. Par là, Krishna nous encourage tous à nous défaire de notre lâcheté et à nous engager courageusement dans l'action. Amma nous rappelle souvent qu'on n'est pas impuissants et dépendants, comme de

Confiance dans la vie

petits chatons. On possède une force intérieure considérable et on devrait donc avoir le courage de rugir comme des lions. Nous ne sommes pas des bougies qui ont besoin d'être allumées par quelqu'un d'autre ; nous sommes le soleil qui brille par lui-même. La spiritualité ne consiste donc pas à être passif.

Pourtant, certains aspects de notre vie échappent à notre contrôle. Il y a des circonstances inévitables. On peut avoir hérité d'un problème de santé, par exemple. On doit peut-être interagir avec des personnes difficiles, que ce soit au travail ou à la maison. Les choses ne se passent pas toujours comme on le voudrait. C'est pour ça qu'on doit essayer de développer un certain niveau d'acceptation. Dans certaines situations, il est important de faire des efforts extérieurs pour améliorer ou changer un aspect de notre vie ou de la société. En même temps, à l'intérieur de nous, il faut essayer de développer l'acceptation. Pour notre propre bien. Si on continue à résister à une situation, cette résistance sera source de stress et se transformera en ressentiment. Tout ce qu'on récoltera, ce sont plus de rides et de cheveux gris. En revanche, si l'on est capable, à un certain niveau, d'accepter la situation, ça nous donne de l'assurance et de la force.

Accepter la situation peut ne pas nous sembler tentant. Mais Amma nous donne un moyen de transformer cette acceptation en quelque chose de beau, quelque chose qui peut enrichir notre vie : elle nous dit : « Acceptez avec *prasāda-buddhi*[83]. Lorsque nous recevons du prasad du temple, nous ne disons pas : " Ce riz au lait est trop sucré " ou " Le riz n'est pas assez cuit ". Au contraire, nous l'acceptons avec amour et révérence. » Ne limitons pas Dieu au temple. Le Seigneur Krishna dit dans la Bhagavad Gita :

---

[83] Avec une attitude de révérence, comme lorsqu'on reçoit du prasad ou une offrande bénie au temple.

Cent Pots

sarvataḥ pāṇi-pādaṁ tat sarvato'kṣi-śiro-mukham
sarvataḥ śrutimalloke sarvam āvṛtya tiṣṭhati

Avec des mains et des pieds partout, avec des yeux, des têtes et des bouches partout, avec des oreilles partout, il existe dans le monde, il enveloppe tout[84].

Si l'on peut percevoir que le monde entier est imprégné par le divin, tous les endroits deviennent le temple de Dieu. Tout ce qui se présente à nous devient quelque chose à recevoir avec révérence et amour.

Amma dit souvent :

Kṣētrattil janikkām kṣētrattil marikkarutu

Nous pouvons naître dans un temple, mais n'y mourons pas.

Cela signifie que les temples peuvent être le début, ou les étapes initiales, de notre vie spirituelle, mais qu'ils ne doivent pas être considérés comme son but. Ils sont un moyen, pas une fin. Dieu n'est pas limité à un lieu spécifique. Dieu est partout, la conscience illimitée, l'infini.

Un jour, je me suis sentie déçue par quelqu'un que j'estimais beaucoup, quelqu'un de très important pour moi. On m'a dit que cette personne avait dit quelque chose de faux à mon sujet. En entendant ça, je me suis tout de suite sentie très blessée. J'ai eu envie de pleurer. Je ne voulais pas pleurer en public, alors j'ai commencé à me diriger vers ma chambre.

En marchant, je me suis soudain souvenue des paroles d'Amma : « Faites une pause avant de réagir à toute situation. » Ce moment a été un moment de contemplation. J'ai commencé à me dire : « Attends un peu, tu sais que toutes les situations

---

[84] Bhagavad Gita 13.14.

Confiance dans la vie

viennent du divin. Donc, en réalité, cet incident te donne l'occasion d'apprendre et de grandir. » Grâce à ce changement d'attitude, ma contrariété a disparu comme par enchantement. Quand je suis arrivée à ma chambre et que j'ai fermé la porte derrière moi, les larmes qui étaient sur le point de couler avaient disparu. Au lieu de pleurer, je me suis retrouvée à sourire. J'étais remplie de gratitude, car je sentais que ce petit incident était un cadeau de l'univers, un cadeau de mon guru pour m'apprendre à ne pas trop me préoccuper de ce que les autres pensent de moi.

On ne peut pas changer d'attitude du jour au lendemain. C'est plutôt quelque chose qu'on doit pratiquer patiemment, quelque chose qu'on doit s'entraîner à faire. On devient bon dans tout ce qu'on pratique. Si on s'entraîne à s'inquiéter et à réagir, on devient expert en inquiétude et en réaction. En revanche, si on s'entraîne à accepter ce que la vie nous apporte, on devient bon en la matière. Si on s'efforce d'accepter les petits problèmes comme du prasad[85], on développera la force de garder une attitude positive face aux défis plus importants qui se présentent à nous. C'est comme un muscle qui se renforce. À force, on deviendra vite assez fort pour considérer chaque situation qui se présente à nous non pas comme quelque chose qu'il faut combattre ou à laquelle il faut résister, mais comme quelque chose dont on peut tirer des leçons.

---

[84] Offrandes consacrées distribuées à la fin d'un rituel.

La foi optimiste

Amma dit : « Une personne qui a foi dans le Suprême s'accroche à ce principe quand une crise survient. C'est cette foi qui nous donne un mental fort et équilibré, qui nous permet d'affronter n'importe quelle situation difficile. »

Il y avait un sage appelé Uttanka. Il vivait dans le désert de Maru. Le Seigneur Krishna lui avait accordé une bénédiction divine qui lui permettait de faire venir l'eau à volonté simplement en invoquant le nom de Krishna. Le Seigneur avait dit : « Uttanka, chaque fois que tu te souviendras de moi, tu auras de l'eau à ta disposition. »

Par une journée particulièrement chaude, Uttanka marchait dans le désert. Il était épuisé et avait extrêmement soif. Il s'est souvenu de sa bénédiction et a prié Krishna. Aussitôt, un chandala[86] nu et sale est apparu devant lui. Il tenait un pot boueux à la main. Il était entouré de chiens sales. Il a tendu le pot sale à Uttanka. Uttanka a regardé à l'intérieur à contrecœur. Il a vu l'eau infestée d'insectes et recouverte d'une couche de mousse et a eu envie de vomir.

L'homme a dit : « Vas-y, bois. » Uttanka a rendu le pot en disant :

« Non, reprends-le. » L'homme et les chiens ont disparu.

Uttanka s'est tourné mentalement vers Krishna. Il a dit : « Seigneur, qu'est-ce que c'est que ça ? Pourquoi m'envoies-tu une telle eau ? » Il entendit alors une voix divine : « Ô Uttanka, quand tu avais soif et que tu te souvenais de moi, j'ai demandé

---

[86] Une personne hors-caste dans le système indien.

Confiance dans la vie

à Indra de t'offrir de l'*amrita*, le nectar de l'immortalité, pour étancher ta soif à jamais. Indra n'était pas disposé à le faire. J'ai fini par le convaincre. Il a accepté à condition d'apparaître sous la forme d'un chandala. L'*amrita* serait déguisée en eau sale. J'ai accepté, en supposant que tu aurais une foi absolue en moi. »

Amma dit : « Sans foi, nous sommes remplis de peur. La peur handicape le corps et l'esprit, elle nous paralyse, alors que la foi ouvre nos cœurs et nous conduit à l'amour. »

Uttanka avait manqué de foi en Krishna. Il avait été rebuté par « l'emballage » du cadeau de Krishna. Dans notre vie aussi, il y aura des moments où des défis se présenteront à nous. Ces situations difficiles peuvent mettre notre foi à l'épreuve. Il se peut qu'on ne parvienne pas à reconnaître le divin en elles. Dans de telles situations, on peut essayer de garder la foi qu'il y a quelque chose de positif dans tout ce que la vie nous apporte. Ainsi, toute difficulté peut se transformer en bénédiction. Cela dépend de notre attitude, de notre foi, de notre ouverture.

L'expérience d'une dévote d'Amma qui est médecin à New York illustre ce principe. L'hôpital où elle travaillait a été restructuré pour faire face à l'afflux de patients lorsque la pandémie de covid a frappé. Ce fut le début d'une période difficile pour elle. Nombre de ses patients étaient très malades et les traitements susceptibles de les aider étaient très limités. Selon ses propres termes, c'était une période épuisante sur le plan émotionnel et physique.

Rapidement, elle s'est rendu compte que c'était plus un marathon qu'un sprint. Le covid allait durer et chaque jour, elle voyait de plus en plus de patients. Elle s'est vite sentie dépassée. Elle se retrouvait entre l'hôpital et la maison non-stop. À chaque fois, elle rentrait dans son appartement, épuisée par ses 12 heures de garde.

Cent Pots

Un jour, en arrivant à l'hôpital, elle a appris qu'elle avait été mutée dans un autre bâtiment, à 800 mètres de l'hôpital principal. En entendant ça, elle s'est sentie très contrariée. Elle ne connaissait pas ce nouvel endroit. Elle a eu l'impression qu'un stress supplémentaire s'ajoutait à une situation déjà stressante. Comme si ça ne suffisait pas, ce jour-là, il y a eu un orage violent. Elle a marché sous la pluie jusqu'à sa voiture. Elle s'est rendue au nouveau parking et a de nouveau marché sous la pluie jusqu'au bâtiment, tout en se plaignant et en râlant intérieurement.

Mais le lendemain, il faisait beau. Le ciel s'est dégagé et elle a changé d'attitude. Elle a décidé d'aborder la situation avec un esprit ouvert et une foi optimiste. Elle a décidé de marcher de l'hôpital principal jusqu'au bâtiment. Pendant les 15 minutes de marche, elle a récité le mantra mrityunjaya[87] pour ses patients très malades.

Voici ce qu'elle en dit : « C'était une très belle expérience. J'ai pu profiter du soleil matinal, des fleurs le long du chemin, de l'air frais. Je me suis sentie rajeunir. La récitation du mantra m'a aidée à concentrer mon mental et à me préparer à voir mes patients. Je me suis sentie moins stressée, même si les circonstances restaient les mêmes. À partir de ce moment-là, j'ai attendu avec impatience mes promenades quotidiennes. Je me suis sentie reconnaissante pour ce beau cadeau. »

L'optimisme et la foi de cette femme lui ont permis de tirer des leçons de cette situation. Elle s'est sentie reconnaissante pour cette expérience qui lui a appris que la foi optimiste peut aider à transformer des situations stressantes en situations de grâce. Uttanka n'avait pas été capable de reconnaître le prasad du Seigneur déguisé en eau sale. La foi de notre médecin lui

---

[87] Un mantra puissant pour la santé, censé éloigner les catastrophes et empêcher les morts prématurées.

Confiance dans la vie

a permis de reconnaître un cadeau spécial, même lorsqu'il se présentait sous la forme d'une situation difficile.

Amma dit : « Rien ne peut faire de mal à un vrai croyant. La foi peut nous donner une force immense. Tous les obstacles de la vie, qu'ils soient créés par des êtres humains ou par la nature, s'effondreront quand ils se heurteront à notre foi ferme et stable. »

On ne doit pas se décourager en pensant qu'on manque de foi, qu'il s'agisse de la foi en Dieu, en la vie ou en nous-mêmes (en réalité, il s'agit de la même chose). La foi n'est pas nécessairement donnée à la naissance, c'est plutôt quelque chose à entretenir. Que nous en soyons conscients ou non, la foi fait partie intégrante de notre vie quotidienne. Quand on s'assied sur une chaise, on a confiance qu'elle ne lâchera pas sous notre poids. Quand on traverse la rue, on a confiance qu'on ne se fera pas renverser par une voiture. Quand on entre dans une pièce, on a confiance que le plafond ne va pas s'écrouler sur nos têtes. Sans ces formes de confiance ou de foi, on ne pourrait pas vivre. Il s'agit donc de travailler cette foi, de l'affiner pour en faire un outil à notre service. L'idée c'est de la faire grandir pour qu'elle englobe tous les aspects de notre vie quotidienne. En la nourrissant progressivement, en étendant sa portée pour qu'elle imprègne notre vie, on apprendra à faire véritablement confiance au cours de la vie ; on développera la force intérieure pour affronter avec confiance tous les défis qui se présenteront à nous.

Glossaire des mots sanskrits courants

ahimsa : non-violence

archana : récitation des 108 ou des 1 000 noms d'une divinité particulière.

ashram : « lieu où l'on s'efforce » (de réaliser Dieu). Un endroit où les chercheurs spirituels vivent ou séjournent pour y mener une vie spirituelle et faire une *sādhana*. C'est généralement la résidence d'un maître spirituel, d'un saint ou d'un ascète, qui guide les chercheurs.

Bhagavad Gita : « Le Chant du Seigneur » ; composé de dix-huit chapitres et de 700 versets environ, dans lesquels le Seigneur Kṛishṇa conseille Arjuna sur le champ de bataille de Kurukṣētra. C'est un guide pratique pour surmonter toute crise pouvant survenir dans notre vie personnelle ou sociale ; il contient l'essence de la sagesse védique.

bhajan : chant dévotionnel.

brahmacharini : disciple célibataire qui pratique des disciplines spirituelles sous la direction d'un guru. Brahmachari est l'équivalent masculin.

darshan : entrevue avec une personne sainte ou vision du Divin. Le *darshan* emblématique d'Amma est une étreinte.

dharma : « ce qui soutient l'univers ». Dharma a de nombreux sens, entre autres : la Loi divine, la Loi de l'existence, ce qui est conforme à l'harmonie divine, ce qui est juste, la religion, le devoir, la responsabilité, la conduite juste, la justice, la bonté et la vérité. Le *dharma* représente les principes essentiels de la religion.

Glossaire

Mahābhārata : épopée de l'Inde ancienne composée par le sage Vyāsa ; elle raconte la guerre entre les vertueux Paṇḍavas et les Kauravas, ennemis du *dharma*. (Cf. résumé page 279).

mahatma : « grande âme ». Amma emploie ce terme pour désigner un être réalisé.

Malayalam : langue parlée dans le Kerala.

mantra : un son, une syllabe, un mot ou une formule chargé de puissance spirituelle. Selon les commentateurs des Védas les mantras ont été révélés aux *ṛiṣhis* (sages) alors qu'ils étaient en profonde contemplation. Il vaut mieux le recevoir d'un maître spirituel.

prasad : offrande bénie, reçue d'une personne sainte ou d'un temple, souvent sous la forme de nourriture.

puja: rituel d'adoration

Ramayana : épopées en sanscrit de l'Inde ancienne (Cf. résumé page 276).

Sanatana dharma: « la voie éternelle », autre nom de l'hindouisme.

satsang : discours spirituel.

Srimad Bhagavatam : appelé aussi le Bhagavatam, c'est l'un des dix-huit Puraṇas ; c'est une œuvre en sanskrit qui raconte avec dévotion la vie, les passe-temps et les enseignements de différentes incarnations de Viṣhṇu, principalement du Seigneur Kṛiṣhṇa.

Upanishad : l'ultime et quatrième partie des Védas (Védanta) qui expose la philosophie de la non-dualité.

Védas : « connaissance, sagesse ». Les Écritures anciennes et sacrées du sanatana dharma. Un ensemble de textes sacrés en sanskrit, divisé en quatre parties : Ṛig, Yajur, Sama et Atharva. Les Védas font partie des plus anciens textes connus

Glossaire

au monde et sont considérés comme la révélation directe de la Vérité suprême, accordée par Dieu aux *ṛiṣhis*.

yajña : rituel dévotionnel dans lequel des oblations sont offertes au feu tout en chantant des mantras.

Bref résumé du Ramayana

Dasharatha, l'empereur d'Ayodhya, avait quatre fils : Rama, Bharata, Lakshmana et Shatrughna. Rama, l'aîné, est considéré comme une incarnation du Seigneur Vishnu et représente toutes les vertus. Il a épousé Sita, la princesse d'un royaume voisin. Par un concours de circonstances dramatiques, il est exilé dans la forêt pendant 14 ans à la suite d'un complot de la reine Kaikeyi, la mère de son frère Bharata. Sita et Lakshmana (le frère dévoué de Rama) l'accompagnent volontairement en exil. Le roi Dasharatha en meurt de chagrin. Le cœur lourd, Bharata accepte de gouverner Ayodhya au nom de Rama jusqu'à son retour. Dans la forêt, Sita est enlevée par Ravana, le roi démon de Lanka. Rama, avec l'aide du roi des singes, Sugriva, et de son ministre Hanuman, retrouve Sita à Lanka et part avec une armée pour la délivrer. Ils attaquent Lanka, vainquent et tuent Ravana et sauvent Sita. Ils retournent à Ayodhya et Rama est couronné roi.

Personnages du Ramayana

Bharata : frère de Rama, second fils de Dasharatha.

Dasharatha : roi d'Ayodhya, père de Rama. Il a trois épouses : Kausalya, Kaikeyi et Sumitra.

Hanuman : ministre et conseiller de Sugriva. Un singe sage très dévoué à Rama.

Kausalya : mère de Rama, principale épouse de Dasharatha.

Jatayu : appelé « roi des vautours », ami de Dasharatha et bienfaiteur de Rama.

Kaikeyi : mère de Bharata, épouse préférée de Dasharatha.

Lakshmana : frère cadet de Rama.

Rama : héro du Ramayana, incarnation du dieu Vishnu, fils aîné de Dasharatha.

Ravana : roi démon de Lanka qui enleva Sita.

Sita : épouse bien-aimée de Rama.

Sugriva : roi singe qui a joué un rôle crucial en aidant Rama à retrouver Sita.

Sumitra : mère de Lakshmana et de Shatrughna, les deux plus jeunes frères de Rama.

Ramayana
Arbre généalogique simplifié

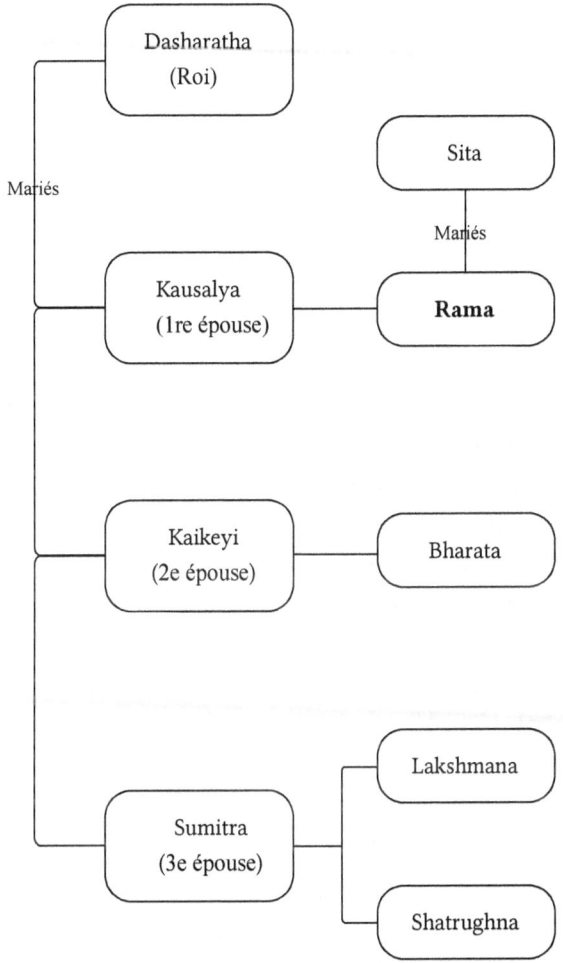

Bref résumé du Mahabharata

Le royaume des Kurus est dirigé par Dhritarashtra qui est né aveugle. En raison de son handicap, il a cédé le trône à son jeune frère, Pandu. Pandu a épousé Kunti et Madri. Il a eu cinq fils vertueux, les Pandavas. Dhritarashtra et sa femme Gandhari ont eu 100 fils, appelés les Kauravas. Pandu est mort prématurément, laissant ses fils aux soins de son frère Dhritarashtra. Mais Duryodhana, l'aîné des Kauravas, a profité de l'occasion pour tenter de s'emparer du trône. La dispute a dégénéré en une rivalité acharnée entre les vertueux Pandavas et les injustes Kauravas. Duryodhana a tenté d'assassiner ses cousins, mais ils ont réussi à s'échapper et sont revenus pour demander leur part du royaume. Au cours d'une partie de dés, Duryodhana a triché pour battre Yudhishthira, l'aîné des Pandavas, ce qui a entraîné l'exil des Pandavas et de leur épouse Draupadi pendant 13 ans. À leur retour, Duryodhana a refusé de leur donner quoi que ce soit, faisant de la guerre la seule option possible. Au cours de ce terrible conflit, Krishna s'est tenu aux côtés des Pandavas en tant que conseiller avisé. La Bhagavad Gita, le dialogue sacré entre le Seigneur Krishna et Arjuna, s'est déroulée sur le champ de bataille juste avant le début de la guerre. Tragiquement, la plupart des personnages principaux ont perdu la vie pendant la guerre. Les Pandavas ont gagné, mais au prix d'un lourd tribut.

Personnages du Mahabharata

Arjuna : deuxième des frères Pandava, archer accompli à qui Krishna a enseigné la Bhagavad Gita sur le champ de bataille.

Bhima : troisième des frères Pandava.

Bhishma : oncle des Pandavas et des Kauravas. Il avait fait vœu de célibat et de loyauté envers l'occupant du trône d'Hastinapura, ce qui l'a obligé à se battre du côté des injustes Kauravas.

Dhritarashtra : roi aveugle des Kurus, père des Kauravas.

Draupadi : belle princesse qui a épousé les cinq frères Pandava.

Duryodhana : aîné des Kauravas.

Gandhari : épouse de Dhritarashtra, mère des 100 frères Kauravas.

Karna : grand archer, ami intime de Duryodhana. Après la guerre, les Pandavas découvrent que Karna est en fait leur frère.

Krishna : neveu de Kunti, incarnation divine du Seigneur Vishnu. Il a soutenu les Pandavas pendant la guerre.

Kunti : épouse de Pandu, mère des trois Pandavas les plus âgés (Yudhishthira, Arjuna, Bhima).

Madri : seconde épouse de Pandu, mère des deux plus jeunes Pandavas. Elle a mis fin à ses jours à la mort de son mari.

Yudhishthira : frère aîné des Pandavas.

Mahabharata
Arbre généalogique simplifié

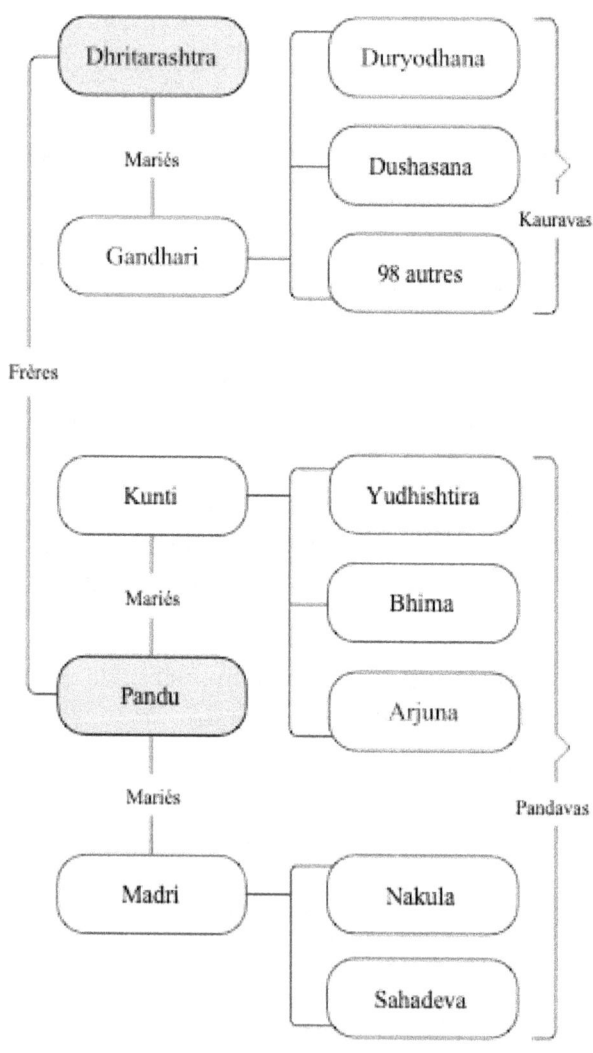

Guide de la prononciation

Voyelles
Les voyelles peuvent être longues ou courtes. Les longues sont normalement deux fois plus longues que les brèves.
a comme a dans armoire, ā comme a, long
i comme i dans Italie, ī comme i, long
u comme ou dans choux, ū comme ou, long
(o et e sont toujours longs en sanskrit)
e comme er dans lever
o comme eau dans beau

Diphtongues
ai comme ai dans paille
au comme ao dans cacao

Semi-voyelle
ṛ exemple : amṛta ; pour le prononcer on ajoute un i mais qui doit à peine s'entendre.

Consonnes
Si elles sont suivies d'un h, il s'entend. Ce sont des consonnes dites aspirées.
Les doubles consonnes s'entendent.

Gutturales
Le son est formé dans la gorge.
k comme k dans kilogramme
kh comme kh dans l'allemand Eckhart
g comme g dans garage
gh comme gh dans l'anglais dig-hard
ṅ comme n dans sing

Guide de la prononciation

Palatales
Le milieu de la langue touche le palais, la pointe de la langue touche les alvéoles des dents du bas, devant.
c comme tch dans chair
ch comme tchh dans staunch-heart
j comme dj dans joy
jh comme dge dans hedgehog
ñ comme gn dans cagnard

Rétroflexes
Ce groupe de lettres avec un point en-dessous se prononce en dirigeant la langue vers l'arrière. La pointe de la langue vient toucher l'endroit au-dessus des alvéoles qui tiennent les dents du haut, devant. Il n'y a pas d'équivalent en français.
ṭ, ṭh, ḍ, ḍh, ṇ

Dentales
t comme t dans tube, th comme th dans lighthouse
d comme d dans douleur, dh comme dh dans red-hot
n comme n dans navire

Labiales
p comme p dans pain, ph comme ph dans up-hill
b comme b dans bateau, bh comme bh dans rub-hard
m comme m dans mère
ṁ un son nasal comme dans bon

ḥ prononcer aḥ comme aha, iḥ comme ihi, uḥ comme uhu
ṣ comme ch dans chose. Position de la langue comme pour les rétroflexes.
ś Position de la langue comme pour les palatales.
s comme s dans si. C'est le s français.
h comme h dans hot
y comme y dans yoga

Guide de la prononciation

r un r roulé dans Roma, Madrid
l comme l dans libre
v comme w dans wagon

Remerciements

Je voudrais commencer par exprimer ma sincère gratitude à Swamiji - Swami Amritaswarupananda Puri- pour son soutien indéfectible et pour m'avoir donné l'occasion de présenter ces enseignements. Je remercie également Rajani Chechi pour ses suggestions et son aide inestimable dans la phase de rédaction en malayalam.

Je suis très heureuse de l'aide dévouée de ceux qui ont contribué de manière significative à la réalisation de ce livre : ma mère Sue, Brahmachari Satvamrita Chaitanya, Brahmachari Sachinmayamrita Chaitanya, Karnaki, Veena et Kripa.

Un grand merci à l'équipe de traduction française : Gati, Ahalya, Hélène, Laurie et à Neeraja pour la mise en page en français. D'innombrables autres personnes m'ont aidé par leurs suggestions, leurs encouragements, leurs commentaires et leurs idées. Ambujam mérite une mention spéciale ici. Je remercie également Mukti pour son magnifique travail artistique et ses compétences en matière de conception pour la couverture ainsi que Jagannath pour la mise en page du livre.

Amma compare souvent l'ashram à une machine à polir les pierres, où de nombreuses pierres aux contours rugueux sont rassemblées et polies ensemble. Au cours de ce processus, elles se frottent les unes aux autres, lissent leurs contours et se transforment en pierres polies. Dans le même ordre d'idées, je me dois d'exprimer ma gratitude à tous mes compagnons dans cette machine à polir. Ce sont nos interactions qui sont à l'origine de nombreuses histoires dans ce livre : des situations qui m'ont permis d'apprendre à connaître les émotions inutiles et les rouages insensés de mon mental !

www.ingramcontent.com/pod-product-compliance
Lightning Source LLC
Chambersburg PA
CBHW070139100426
42743CB00013B/2767